Monteiro LOBATO

Monteiro

LOBATO

FERRO E O VOTO SECRETO

EDITORA GLOBO

Edição: Arlete Alonso (coordenação), Cecília Bassarani e Luciane Ortiz de Castro
Edição de arte: Adriana Bertolla Silveira
Diagramação: Gisele Baptista de Oliveira

Consultoria e pesquisa: Marcia Camargos e Vladimir Sacchetta
Preparação de texto: Márcio Guimarães de Araújo
Revisão: Cláudia Cantarin
Produção editorial: 2 Estúdio Gráfico
Projeto gráfico: Manifesto Design

Créditos das imagens: Acervo Cia. Editora Nacional (página 12), Arquivo Família Monteiro Lobato (páginas 8, 14, 15 e 16), Acervo Iconographia (páginas 17 e 19).

Dados Internacionais de Catalogação na Publicação (CIP)
(Câmara Brasileira do Livro, SP, Brasil)

Lobato, Monteiro, 1882-1948.
Ferro e o voto secreto / Monteiro Lobato. –
São Paulo: Globo, 2010.

Bibliografia
ISBN 978-85-250-4853-0

1. Artigos jornalísticos 2. Economia - Brasil
3. Ferro - Brasil 4. Ferro - Produção 5. Indústria
siderúrgica - Brasil I. Título.

10-04559 CDD-338.2730981

Índices para catálogo sistemático:
1. Brasil: Ferro: Produção: Economia 338.2730981

1ª edição, 2010

Editora Globo S.A.
Av. Jaguaré, 1.485 – Jaguaré
São Paulo – SP – 05346-902 – Brasil
www.editoraglobo.com.br
monteirolobato@edglobo.com.br

SUMÁRIO

Monteiro Lobato

Monteiro Lobato por J.U. Campos

Homem *de múltiplas facetas, José Bento Monteiro Lobato passou a vida engajado em campanhas para colocar o país no caminho da modernidade. Nascido em Taubaté, interior paulista, no ano de 1882, celebrizou-se como o criador do Sítio do Picapau Amarelo, mas sua atuação extrapola o universo da literatura infantojuvenil, gênero em que foi pioneiro.*

Apesar da sua inclinação para as artes plásticas, cursou a Faculdade do Largo São Francisco, em São Paulo, por imposição do avô, o Visconde de Tremembé, mas seguiu carreira por pouco tempo. Logo trocaria o Direito pelo mundo das letras, sem deixar de lado a pintura nem a fotografia, outra de suas paixões.

Colaborador da imprensa paulista e carioca, Lobato não demoraria a suscitar polêmica com o artigo "Velha praga", publicado em 1914 em O Estado de S.Paulo. Um protesto contra as queimadas no Vale do Paraíba, o texto seria seguido de "Urupês", no mesmo jornal, título dado também ao livro que, trazendo o Jeca Tatu, seu personagem-símbolo, esgotou 30 mil exemplares entre 1918 e 1925. Seria, porém, na Revista do Brasil, adquirida em 1918, que ele lançaria as bases da indústria editorial no país. Aliando qualidade gráfica a uma agressiva rede de distribuição, com vendedores autônomos e consignatários, ele revoluciona o mercado livreiro. E não para por aí. Lança, em 1920, A menina do narizinho arrebitado, a primeira da série de histórias que formariam gerações sucessivas de leitores. A infância ganha um sabor tropical, temperado com pitadas de folclore, cultura popular e, principalmente, muita fantasia.

Em 1926, meses antes de partir para uma estada como adido comercial junto ao consulado brasileiro em Nova York, Lobato escreve O presidente negro. Neste seu único romance prevê, através das lentes do "porviroscópio", um futuro interligado pela rede de computadores.

De regresso dos Estados Unidos após a Revolução de 30, investe no ferro e no petróleo. Funda empresas de prospecção, mas contraria poderosos interesses multinacionais que culminam na sua prisão, em 1941. Indultado por Vargas, continuou perseguido pela ditadura do Estado Novo, que mandou apreender e queimar seus livros infantis.

Depois de um período residindo em Buenos Aires, onde chegou a fundar duas editoras, Monteiro Lobato morreu em 4 de julho de 1948, na cidade de São Paulo, aos 66 anos de idade. Deixou, como legado, o exemplo de independência intelectual e criatividade na obra que continua presente no imaginário de crianças, jovens e adultos.

OBRA ADULTA*

CONTOS

- URUPÊS
- CIDADES MORTAS
- NEGRINHA
- O MACACO QUE SE FEZ HOMEM

ROMANCE

- O PRESIDENTE NEGRO

JORNALISMO E CRÍTICA

- O SACI-PERERÊ: RESULTADO DE UM INQUÉRITO
- IDEIAS DE JECA TATU
- A ONDA VERDE
- MISTER SLANG E O BRASIL
- NA ANTEVÉSPERA
- CRÍTICAS E OUTRAS NOTAS

ESCRITOS DA JUVENTUDE

- LITERATURA DO MINARETE
- MUNDO DA LUA

CRUZADAS E CAMPANHAS

- PROBLEMA VITAL, JECA TATU E OUTROS TEXTOS
- FERRO E O VOTO SECRETO
- O ESCÂNDALO DO PETRÓLEO E GEORGISMO E COMUNISMO

ESPARSOS

- FRAGMENTOS, OPINIÕES E MISCELÂNEA
- PREFÁCIOS E ENTREVISTAS
- CONFERÊNCIAS, ARTIGOS E CRÔNICAS

IMPRESSÕES DE VIAGEM

- AMÉRICA

CORRESPONDÊNCIA

- A BARCA DE GLEYRE
- CARTAS ESCOLHIDAS
- CARTAS DE AMOR

* *Plano de obra da edição de 2007. A edição dos livros* Literatura do Minarete, Conferências, artigos e crônicas *e* Cartas escolhidas *teve como base a primeira edição, de 1959.* Críticas e outras notas, *a primeira edição, de 1965, e* Cartas de amor, *a primeira edição, de 1969. Os demais títulos tiveram como base as* Obras Completas de Monteiro Lobato *da Editora Brasiliense, de 1945/46.*

Idealista do progresso material

Ferro, *capa de J.U. Campos, Companhia Editora Nacional, 1ª ed., 1931*

Temos aqui um veemente exemplo dos esforços de Monteiro Lobato para desenvolver e modernizar sua terra. A série que compõe *Ferro* data de 1931, após uma estada de quase cinco anos como adido comercial junto ao Consulado brasileiro em Nova York. Nos Estados Unidos ele entrou em contato com o que havia de mais avançado em termos tecnológicos, conhecendo pessoalmente W. H. Smith, com quem já se correspondia desde 1927. Antigo diretor da Ford Motor Company, e então presidente da General Reduction Corporation, em Detroit, Smith criara um revolucionário "processo a frio". Econômico e não poluente, diminuía o uso do carvão empregado nos antigos processos de fundição. Com metade do calor necessário aos altos-fornos, transformava o minério em massa esponjosa que se reduzia a pó, do qual o ferro era extraído por separação magnética. Eufórico com o que julgava a solução definitiva para sanar nossas deficiências nesse campo, ainda no exterior Lobato tentara, por intermédio de Fortunato Bulcão, diretor do Banco do Brasil e da Associação Comercial do Rio de Janeiro, convencer o presidente Washington Luís da ideia.

"Só temos um problema – o econômico", registrou ele em "Consciência de algo errado", um dos sete textos que integram este livro. "Só temos um caminho para a cura do proteico mal nacional – a riqueza. Assegurada esta, tudo mais se resolve automaticamente."

Documento de identidade de Monteiro Lobato (detalh

Didático, com linguagem clara e direta para atingir o grande público, Lobato saúda a nova indústria siderúrgica. "No dia em que nos convencermos disto teremos começado a construir um país. Até agora o que fizemos foi apenas tomar conta de um território que o português achou", escreve, com sua inconfundível ironia.

Incluindo tabelas explicativas, cálculos e números esclarecedores, *Ferro* ainda traz como apêndice o artigo do professor George B. Waterhouse, publicado na revista *Iron age* de 1928, além de um trecho da conferência que Pandiá Calógeras, ministro da Agricultura, Indústria e Comércio de Venceslau Brás, pronunciou na Escola Politécnica da capital paulista, abraçando a causa lobatiana.

Com a Revolução de 30, exonerado do posto no Consulado, o dublê de escritor-empresário não desiste e procura atrair Getúlio Vargas para seu projeto, sem êxito. Monta, juntamente com Bulcão, o Sindicato Nacional de Indústria e Comércio, mas esbarra nas pressões do grupo do megainvestidor estrangeiro Percival Farquhar. Disposto a explorar o minério de Minas Gerais através da Itabira Iron, vinculada à United Steel, Farquhar tinha seus interesses entusiasticamente defendidos pelo jornalista Assis Chateaubriand.

William Henry Smith

Memorial

sobre o

Problema Siderurgico Brasileiro

apresentado a Sua
Excellencia o Senhor

Doutor Getulio Vargas
Chefe do Governo Provisorio

por

J. B. Monteiro Lobato

Ex-Addido Commercial
nos Estados Unidos

1931

Documento enviado a Vargas por Monteiro Lobato
logo após o seu retorno dos Estados Unidos

A segunda parte deste volume mostra a face combativa de Lobato na carta aberta ao presidente de Estado, Carlos de Campos, publicada logo após a Revolução de 1924. Esmagada por Artur Bernardes, que tomara posse sob estado de sítio e exercia o mandato com mão de ferro, tamanha violência gerou profunda insatisfação entre os intelectuais simpáticos aos revoltosos. A situação agravou-se quando, em agosto daquele ano, o governo determinou o fechamento da *Liga Nacionalista*. Fundada em 1917 por boa parte dos acionistas integrantes do grupo idealizador da *Revista do Brasil*, da qual Lobato se tornaria proprietário, visava estimular o patriotismo, propagar a instrução primária,

Carlos de Campos, 1924

profissional, militar e cívica. A medida arbitrária seguira-se à prisão de José Carlos de Macedo Soares, presidente da Cia. Gráfico-Editora Monteiro Lobato. Inconformado, ele escreve a Bernardes denunciando o divórcio entre os mandatários e a opinião pública:

"De toda a gente ouvi os maiores horrores sobre a política e os políticos – tida aquela como a arte de explorar o Tesouro, e estes, como usurpadores indignos."

Relembrando o sistema de voto de cabresto, em que se escolhiam os candidatos indicados pelo patrão ou pelo coronel, convertendo o eleitor num "passivo instrumento referendatário da sua permanência no poder", ele aponta o único remédio para aquele momento histórico:

"É preciso atacar as causas últimas do espírito de revolta, o que só se conseguirá dando ao povo o que o povo quer: direito de eleger livremente por meio de voto secreto. Não fazer isto é incubar eternamente o ovo da revolução."

Remetidas ao presidente da República, as palavras de advertência geraram, a princípio, uma resposta conciliatória, reproduzida pela primeira vez nesta edição. Logo depois, numa iniciativa claramente punitiva, o Palácio do Catete mandou suspender todas as compras das edições escolares que a editora de Lobato imprimia, agravando a crise que culminou na sua falência.

Nada, porém, desanimava o escritor-cidadão que persistiria nas suas cruzadas em nome da pátria. Foi, por isso, chamado de ardente idealista do progresso material por Caio Prado Jr., em texto no qual destaca que seu pensamento extrapolou o mundo dos sonhos, materializando-se em negócio de "grandes perspectivas e amplas possibilidades".

Cotonifício Crespi, na Mooca, destruído pelo bombardeio das forças legalistas, julho de 1924

FERRO*

* *A primeira edição deste livro é de 1931 e trazia a seguinte dedicatória: "A Mister Louis Helmuth, tipo de homem que eu desejava ver reproduzido aos milhões para enriquecimento da humanidade; e a Manuel Carreiro Muniz, inesquecível companheiro de trabalhos na fecunda salinha do Whitehall Building onde a ausência de mobília era compensada pela constante presença da Boa Vontade". Nota da edição de 1955 inserida na edição de 2010.*

A solução do problema siderúrgico do Brasil pelo processo Smith

E o horizonte, a serem exatos os prenúncios, revela-se imenso; 1928 pode vir a ser para o Brasil a data da sua redenção do ponto de vista da utilização dos seus minérios.

Pandiá Calógeras

Antes de mais nada

Estes artigos foram publicados n'*O Estado* em 1931 e aparecem reunidos em livro para comodidade dos interessados no conhecimento do processo Smith. Pude acompanhar a evolução desse processo durante os quatro anos que residi na América do Norte, e muito de perto, graças ao interesse que William H. Smith sempre demonstrou pela solução do problema do ferro no Brasil e à minha compreensão de que é realmente esse o nosso problema básico. Significam, pois, um testemunho muito sincero e muito ponderado do que vi, ouvi e aprendi.

Tudo que neles se contém são fatos. Não há arranjo de coisa nenhuma, nenhum ajeitamento. E a quem não julgar assim, cumpre a prova do contrário.

Fala-se em diversos pontos, com certo amargor, dos nossos técnicos. Distinga-se. Há técnicos e técnicos.

Temo-los de alto valor, compreensivos, sequiosos de informação e capazes de muito fazer pelo Brasil no terreno siderúrgico[1]. A estes só uma coisa devo – todas as homenagens do meu respeito.

[1] *Seria injustiça não mencionar aqui três nomes. Calógeras, um dos poucos homens que entre nós merecem o título de estadista, porque realmente o é na mais larga acepção do termo, em conferência pronunciada em 1928 na Escola Politécnica de São Paulo – a mais perfeita visão de conjunto do problema siderúrgico e metalúrgico nacional que ainda se esboçou em língua portuguesa –, não vacilou em assinalar o advento do processo Smith como o início da nossa redenção econômica.*

Clodomiro Pereira da Silva, outro nome que honra a engenharia brasileira, também de pronto alcançou a importância do processo e espontaneamente se fez um dos seus pioneiros.

Jonas Pompeia, outro técnico de larga compreensão e boa vontade, nunca deixou de acompanhar o caso, desde o momento em que dele teve conhecimento. Hoje se bate pela implantação do processo Smith no Brasil com o mesmo ardor dos seus vanguardeiros. Nota da edição de 1946.

Há, porém, umas múmias, uns fósseis que a cegueira das circunstâncias meteu em posições de destaque e que outra coisa não têm feito senão embaraçar, atrapalhar, viciar, retardar a solução duma série de problemas nacionais. A estes o meu amargor – enquanto o Tribunal de Sanções não os chama a contas pelo mal que sua estreiteza de vistas tem feito ao país.

Consciência de algo errado

Tão viva está entre nós a consciência de algo errado a viciar a estrutura do país, que não há dois brasileiros que após minutos de prosa não entrem a consertá-lo.

– O que o Brasil precisa é... – e vem mezinha de curandeiro. Ou: – Se eu fosse governo o que faria era... – e vem cirurgia política.

Tantas cabeças, tantas mezinhas. Se somos quarenta milhões, não errará quem calcular em outros tantos os remédios para o mal nacional, em regra políticos, dada a renitente ilusão latina de que com decretos tudo se resolve.

Terapeuticamente, não valerão grande coisa esses remédios; mas vale muito como sintoma esta ânsia curativa. O fato de todo um povo aventar remédios revela a consciência de um estado de doença crônica.

O tremendo apoio público que teve a última revolução veio disso. Para milhões de criaturas seria a revolução o tópico mágico para a cura de todos os males; para outros, mais raciocinantes, seria o abalo, o meio mecânico de agitar o país, a fim de que surgisse o homem providencial, ao tipo dos heróis de Carlyle, que tudo consertasse a golpes de gênio. Em todos a velha ilusão de que novos decretos, em estilo novo, podem transformar água em vinho.

Quem isto escreve não foge à culpa dos curandeiros. Sempre viveu preocupado com as mazelas indígenas e já viu no saneamento dos sertões, no voto secreto, na queda do partido conservador, se não o fim, pelo menos o começo do fim dos nossos males. Foi preciso que anos de estadia em terra estrangeira de formação paralela à nossa lhe mostrasse à evidência que todos os problemas de um país se radicam num único – o econômico; e que só se solvem de maneira definitiva quando o problema econômico encontra solução.

Se o lavrador aduba a terra de maneira correta, dá *ipso facto* à arvore a vitalidade necessária para que por si mesma se defenda das doenças e parasitas que a perseguem. Por esse processo *indireto* consegue facilmente o que jamais conseguirá o lavrador incompreensivo que se mata de trabalho no estudo e emprego de métodos *diretos*, combatendo ora esta broca, ora aquele pulgão, e vendo sempre nova broca ou novo pulgão ocupar o posto dos eventualmente debelados. Tomar a nuvem por Juno significa, também, confundir efeito com causa.

Temos sido até aqui, nós curandeiros, o agricultor que ataca brocas e pulgões com pozinhos milagrosos e esquece de, pelo adubo, restaurar a vitalidade da planta anêmica. É tempo de fazer como o outro.

Indispensável nos compenetrarmos, de uma vez para sempre, da grande verdade: *nosso problema não é político, nem racial, nem climatérico, mas pura e simplesmente econômico.*

Ao contrário do que o proclama a sanfona patriótica, somos um povo paupérrimo, a ocupar cogumelarmente um território imenso, bastante rico de altas possibilidades. Os males sem conta que nos afligem decorrem todos da mesma fonte, a pobreza – e só a riqueza os curará. Incultura científica, analfabetismo, má política, feiura da raça, estado de doença progressiva das populações, todos os males do Brasil, em suma, jamais se curarão com a cartilha, o voto secreto, institutos de beleza, quininas, timóis e universidades *em pílulas*, como os pode ter o pobre, senão com tudo isso em *massa*[2], como os tem o rico. A droga mágica que realmente cura é uma só: riqueza.

[2] *Cultura é simples floração da riqueza. Em país pobre não pode viçar cultura, como não viça planta em terra maninha. Se na América do Norte há 31 milhões de alunos nas escolas públicas, cuidados por um exército de novecentos mil professores, é porque o país pode despender com o ensino público 2,220 bilhões de dólares, ou seja, ao câmbio de hoje, 28,6 milhões de contos. Não houvesse riqueza criada na proporção em que há, e o país não poderia, cada ano, consagrar ao ensino tão formidável dotação.*

Se em 1929 havia 21 milhões e tantos alunos matriculados em escolas primárias particulares, e mais quatro milhões nas secundárias do mesmo tipo, é que a riqueza do país permite aos seus habitantes esse luxo.

Se nesse mesmo ano houve 919.381 alunos matriculados nas universidades foi porque a riqueza criada permitiu que esse ensino superior pudesse ser pago. Os alunos contribuíram com taxas de matrícula no valor de 178.130.802 dólares;

Enriqueça-se a mais miserável família de jecas que vive lá num fundão malárico do Amazonas, gente sem resquício de cultura, seminua, roída de verminoses, negativa como elemento de produção – e automaticamente, no correr do tempo, a metamorfose será completa. Os doentes se curarão, os descalços se calçarão, os iletrados se educarão, e o país se verá acrescido de enérgicas unidades positivas.

o patrimônio produtivo das universidades contribuiu com 58.168.834 dólares; os estados e municipalidades, com 115.125.154; o governo federal, com 17.167.424; os mecenas doadores com 114.682.205. O total da receita dessas altas casas de ensino subiu nesse ano a 546.674.226 dólares – ou mais de sete milhões de contos. Não houvesse riqueza criada e seria impossível tal movimento.

Se há lá 57 universidades e grandes escolas de ensino superior, com bibliotecas somando, em 1928, 40.498.291 volumes, com terrenos no valor de 298 milhões de dólares, com edifícios valendo 1,18 bilhão, com patrimônio produtivo no total de 1,15 bilhão de dólares, é porque há dólares. Não os houvesse, não houvesse riqueza criada, e as estatísticas americanas diriam o mesmo que dizem as nossas.

Se há lá 584 colégios e universidades é porque a riqueza não só permitiu os meios de os criar, como permite a frequência que os mantém. Suprima-se essa riqueza e tamanha legião de focos de cultura desaparece. Cultura é função de riqueza, e muito me espanta a necessidade de proclamar semelhante coisa como se fora novidade.

São Paulo tem mais instituições de ensino que os outros estados do Brasil justamente porque se enriqueceu mais. Depois da queda do café, porém, e em consequência do enfraquecimento econômico da sua população, essas instituições começaram a sentir os efeitos da crise. Sabemos de colégios particulares em que a frequência este ano caiu a 50% abaixo do nível em que se manteve até 1929. Outros apresentam percentagem ainda mais baixa. Continue a depressão ainda por alguns anos, e muitas dessas casas de ensino se verão forçadas a fechar. Perpetue-se ela, empobreça-se São Paulo à moda da Amazônia, e todas desaparecerão. Nada mais claro, lógico, intuitivo. No entanto, um dos nossos grandes sociólogos, jornalista tonante, não o entende assim. Acha que devemos cuidar de escolas e universidades antes de qualquer outra coisa. Não diz, porém, com que meios criá-las, nem como famílias que andam a fazer prodígios para encher o estômago possam botar lá os filhos.

Chega a meter dó ver Mário Pinto Serva gastar tanto papel, tinta e indignação no seu perpétuo clamor por instrução popular e alta cultura. E, mais, vê-lo dar a riqueza como produto da cultura, quando a lição dos povos nos mostra, da maneira mais flagrante, justamente o contrário. A cultura sai da riqueza, porque cultura exige meios que só a riqueza dá. Temos que seguir o caminho de todos os povos que se cultivaram: desenvolver-nos economicamente. A cultura virá em seguida, automaticamente, naturalmente, como vem a flor à árvore bem enseivada que atinge o momento da florescência.

Qual o pai, por bruto que seja, que não aspira, por egoísmo, por vaidade, por negócio, a fazer do filho um doutor? Se o não faz, se o não mete em escola superior, é que não pode, é que não acumulou meios para isso. Tão lógico, tão comezinho – e Pinto não compreende... Nota da edição de 1946.

Empobreça-se, à Jó, uma família rica e bem-educada, forçando-a a deixar a nobre situação em que vivia pela situação miserável do caso anterior. Em breve prazo a doença os empolgará a todos, o analfabetismo destruirá nas gerações sucessivas as aquisições dos antepassados, tudo será lazeira – e o país se verá manchado de mais umas tantas células semimortas, negativas, intoxicantes.

Só temos um problema – o econômico. Só temos um caminho para a cura do proteico mal nacional – a riqueza. Assegurada esta, tudo mais se resolve automaticamente.

Se nos afastamos do quadro e, depois de um estudo comparativo de como se enriqueceram as nações que hoje lideram o mundo, observamos de longe o nosso caso sem que detalhes inúteis nos perturbem a visão, é inevitável em nosso cérebro aquele famoso estalo que desasnou o padre Antônio Vieira em menino.

Fatal que assim seja. Como pode saber que forma, que altura a montanha tem, o caçador que se vê perdido num dos seus espigões, atrapalhado de cipós, fechado pela verdura circundante, com a preocupação da paca que precisa para o almoço? Esse mesmo homem tirado dali e posto a distância em que cipós, copas de árvores e pacas se confundem num só azul terá, com o mesmo cérebro, ideias muito outras – desta vez determinadas pela imensa estrutura da montanha, que ele afinal vê, e não mais pelos meros acidentes da montanha, que ele unicamente via.

Pretende-se mudar a capital da República para o Planalto Central. O acertado seria mudá-la para o Canadá, a nove mil quilômetros daqui. Esse afastamento faria que nossos estadistas "vissem" afinal a montanha para a qual legislam. Se erram tanto, é que estão dentro do quadro e pois não conseguem abarcá-lo em suas grandes linhas gerais.

Postos lá, nossos estadistas imediatamente descataratariam os olhos e às perguntas de como solver o problema econômico, de como enriquecer, de por onde começar, responderiam unânimes: "*O ferro constitui a base do desenvolvimento econômico de um país; sem ferro, portanto, o Brasil jamais se fará*".

Porque esta é a grande verdade – verdade elementar, simples truísmo, lá fora; verdade nova, a ser pregada com ardor de catequista, aqui. No dia em que todos nos convencermos disto, a grande revolução estará operada.

Fora do ferro não há salvação. Só o ferro enriquece. O que chamamos os grandes países modernos são apenas os países ferrados. País desferrado chiniza-se – cresce em população e miséria, gigantiza-se, no sentido patológico da expressão. De onde um *slogan* a ser adotado pelos patriotas amigos de sonoridades: Ferremos o Brasil!

Por que motivo é o ferro o grande pai da riqueza e não, por exemplo, o ouro, a prata, a agricultura, a pecuária? Simplesmente porque o ferro é a matéria-prima da máquina e é a máquina a grande arma que o homem inventou para dominar a natureza, subjugá-la, pô-la humilde ao seu serviço nesta tremenda aventura da civilização.

Iniciada com o invento da primeira máquina – a alavanca com que um piteco de ideias pela primeira vez removeu do seu caminho a pedra que o atrapalhava –, essa aventura prossegue hoje num ímpeto estupendo, à medida que o homem se supermaquiniza.

Daquele galho de pau que serviu de alavanca ao piteco de gênio todo o mundo moderno saiu. As máquinas de hoje, engenhosíssimas, não passam de combinações astutas dessa alavanca inicial. De pau a princípio, fez-se mais tarde de bronze, para finalmente encontrar no ferro a sua matéria-prima ideal. Nós temos ferro. Podemos, pois, ter máquina e vencer. No dia em que nos convencermos disto teremos começado a construir um país. Até agora o que fizemos foi apenas tomar conta de um território que o português achou.

Civilização é maquinização. Grande país hoje é país que se maquinizou em grau maior que os demais e por isso traz aos demais atrelados à sua influência. Franca ou disfarçadamente, país não maquinizado é colônia.

Dentre os países modernos nenhum se maquinizou, ou se ferrou, mais intensivamente que os Estados Unidos, e por isso vai o mundo insensivelmente se colonizando a ele. Não à moda romana da era cesárea, ou inglesa da era vitoriana, mas de um modo novo, inda pouco estudado e sem sequer palavra adequada que nomeie o sistema. Colonização parcelar. Quantos países hoje, cinematograficamente, automobilisticamente, financeiramente, tecnicamente, economicamente, não passam, nesses particulares, de colônias parciais da América?

Esse predomínio avassalador, conquista invisível, vem como lógica e incoercível consequência da intensa maquinização de um país que produz a cada ano cinquenta milhões de toneladas de ferro e as transforma em máquinas multiplicadoras da sua eficiência. Dá-lhe isso tal força, tal riqueza, tal ímpeto, tal vertigem, que a liderança americana se faz sentir cada vez mais acentuada até nos velhos países europeus, arrogantes e orgulhosos das suas velhas formas mentais. Num estudo comparativo sobre a eficiência do homem moderno foi encontrado para o europeu um índice igual a 13, enquanto para o americano esse índice subia a 42; nesse cálculo o homem natural, isto é, o homem sem máquina, que só dispõe dos seus músculos, serve de ponto de referência com o índice igual a 1[3].

A razão do fenômeno salta aos olhos. Enquanto o homem-músculo se vê limitado pelos obstáculos naturais – a distância, o mar, o rio, a montanha –, o homem armado de máquina alcança velocidades superiores a trezentos quilômetros para o transporte do seu

[3] *O quadro abaixo mostra a produção de ferro nos principais países do mundo em 1913, antes da guerra, e em 1928, quinze anos depois. A relação entre a força econômica, o poderio militar, a riqueza desses países e a sua produção de ferro claramente ressalta dos números.*

PRODUÇÃO DOS PRINCIPAIS PAÍSES EM 1913 E EM 1928

	1913		1928	
Países	*Toneladas*	*Percentagem (%)*	*Toneladas*	*Percentagem (%)*
Estados Unidos	31.301.000	42	51.400.000	48
Alemanha	18.652.000	25	14.000.000	13
Inglaterra	7.664.000	10	8.170.000	8
França	4.614.000	6	9.170.000	8,5
Rússia	4.181.000	5,5	4.150.000	4
Áustria	2.585.000	3,5	630.000	0,5
Bélgica e Luxemburgo	2.428.000	3	6.395.000	6
Canadá	1.043.000	2,5	1.230.000	1
Itália	919.000	1,5	1.950.000	2
Japão	300.000	–	1.680.000	1,5
Outros países	1.020.000	2	8.310.000	7,5
Totais	**74.687.000**	**100**	**107.210.000**	**100**

Qual a posição do Brasil, o detentor de 25% das reservas de minério com que o mundo conta? Bem inferior, quase imperceptível. Calógeras calcula que nos melhores anos – anos de câmbio suficientemente baixo para que o ferro importado fique por preço absurdo – os altos-fornos de Minas não produzem mais de oitenta mil toneladas, todos juntos. Nota da edição de 1946.

corpo, e velocidade da luz para o arremesso do seu pensamento ou voz. Com tanto conforto sulca a superfície dos mares como o seio dele. Não encontra barreiras. Fura a montanha com o túnel, anula o rio com a ponte e até trafega em velocíssimos trens elétricos pelo seio negro da terra, coisa que outrora só as minhocas costumavam fazer – e com que lentidão! Como o consegue? Com o ferro. Tudo isso que é? Simples aplicações do ferro.

Inútil insistir. A evidência é cegante[4]. Um país só se engrandece e enriquece, e desse modo se habilita a solver todos os problemas comuns a todos os povos, se produz ferro e com ele cria a máquina multiplicadora da eficiência do homem. Produzir ferro é pois o grande segredo dos grandes países. Foi o segredo da Inglaterra, que, aplicando o ferro à navegação, senhoreou grande parte do mundo. Foi o segredo da Alemanha e França. É o segredo dos Estados Unidos. E será também o segredo do Brasil, já que a natureza o dotou de imensas jazidas do metal pai da máquina.

Adiante demonstraremos que, se até aqui não nos foi possível reproduzir neste hemisfério o fenômeno norte-americano, está isso hoje ao nosso alcance, graças à ciência e técnica norte-americanas.

[4] *Em 1870 os Estados Unidos produziram 68.750 toneladas de aço. Cinquenta e nove anos depois, em 1929, produziram 56.443.473. Nesse intervalo a produção total foi de 1,014 bilhão de toneladas, das quais saíram, por exportação, talvez menos de 4%. O mais incorporou-se à estrutura do país, sob forma de material de construção e máquinas. Isso explica o maravilhoso surto da América, que fez em sessenta anos, em matéria de enriquecimento, cultura e elevação do nível de vida, o que os velhos povos europeus não conseguiram em séculos.*

Antes do rush *do aço não passava a América dum país como o nosso – rico de possibilidades. O aço permitiu-lhe que tais possibilidades se fizessem esplêndidas realidades. O mesmo se dará com o Brasil, se houver a compreensão de que é o ferro o pai da riqueza – e tiver meios de o produzir.*

Nossas possibilidades são imensas, mas se acham condicionadas à criação dum gigantesco sistema de transporte. Sem ele, sem a criação de artérias e veias numerosíssimas por onde as reservas naturais circulem, e sem a criação da máquina que as transforme em utilidades, vegetaremos como até agora, doentes, incultos, abobalhados, infantis, capazes de prodígios num concurso de beleza feminina, mas incapazes de ver claro em nenhum problema básico.

E para isso, para criar esse transporte que nos vai dar veias ao corpo imenso e essa máquina que nos acrescerá o índice de eficiência, temos que derreter Minas. É nas tremendas reservas de óxido férrico lá acumuladas que dorme o Brasil futuro – rico, sadio, poderoso, bem ferrado, bem-humorado, bem trajado, nada relembrativo do surradíssimo Brasil atual. Nota da edição de 1946.

Tudo é transporte

No princípio era o músculo apenas. Só nele encontrava o homem a energia necessária para mover as primeiras máquinas. E como músculo é carne que dói e cansa, o aumento da eficiência que a máquina dava ao homem via-se limitado pela capacidade de trabalho do músculo. Surgiu uma ideia velhaca, que representou grande passo e permitiu as primeiras civilizações agrícolas – substituir o músculo humano pelo de certos animais de índole pachorrenta, como o boi. Esperteza pura. Se hei de cansar-me eu, canse-se o irmão boi, que é mais tolo.

Por fim, a grande ideia a que tudo devemos hoje: substituir as limitadas energias do músculo animal pelas forças da natureza. O homem aprende a romper o equilíbrio da matéria e sob várias formas extrair do fenômeno tremendas quantidades de energia. A máquina ganha *momentum*; desdobra-se ao infinito e chega ao assombro que hoje é. A eficiência humana cresce aos saltos, centuplica-se, multiplica-se por mil. O músculo aposenta-se – e a dominação da natureza pelo engenhoso bípede se torna completa.

O problema brasileiro é o mesmo do resto da humanidade, porque apesar de todas as asneiras que temos feito inda estamos classificados na espécie *Homo sapiens*. É adquirir eficiência para dominar a nossa natureza. Para isso o caminho é o mesmo – criar a máquina e produzir a energia que a faz trabalhar. E como a matéria-prima da máquina é o ferro, temos antes de mais nada de produzir ferro.

É mister pregarmos isto com a fé dos apóstolos. À nossa gente pensante cumpre demonstrar por todos os meios que é assim e não pode deixar de ser assim; que não há outro caminho; que foi esse o caminho de todos os grandes povos modernos e que nada ainda ocorreu que mudasse os termos da equação.

Temos de nos convencer de tão simples verdade. Sábios e leigos, estadistas e industriais, fazendeiros e professores, toda gente que possui cabeça com outras funções além da de canteiro de cabelos tem de meditar sobre isto, convencer-se por si própria de que é assim, impregnar-se dessa grande ideia diretriz. No dia em que tal convicção estiver generalizada, teremos criado a mentalidade necessária ao estabelecimento da indústria do ferro no Brasil. E a revolução industrial virá, pujante e salvadora.

Sempre nos impressionou fundamente o fato de dois países de igual território, Estados Unidos e Brasil, situados no mesmo continente, descobertos ao mesmo tempo, colonizados com os mesmos elementos humanos, libertados do jugo da metrópole com pequena diferença de anos, alcançarem, um, o fastígio da grandeza e a situação de primeiro entre todos os povos da Terra, e o outro, nós, a triste posição de beco sem saída em matéria de encalacramento.

Instituições políticas? São as mesmas. Raças? São as mesmas – branca e negra. Clima? Temos metade do país, pelo menos, maravilhosamente adequado à prosperidade do homem. Por que, então, tal disparidade de destinos?

Esse enigma, pior que o da Esfinge quando o tentamos decifrar em casa, deixa de ser enigma logo que pisamos o cais de Hoboken e um trem subterrâneo, correndo por baixo do Hudson, nos lança na ilha de Manhattan. Ao aflorar à superfície, o *Eureca* de Arquimedes nos explode no cérebro.

– Claro como água! O ferro explica tudo. Só o homem poderosamente multiplicado pela máquina poderia construir uma metrópole de titãs – e máquina não passa de simples aplicação do ferro.

Se dessa certeza impressionista procuramos passar à certeza matemática, estudando pelas estatísticas a porcentagem com que o ferro contribui para tal congérie de grandezas, a convicção se nos cristaliza no espírito para todo o sempre. *Ferro, só o ferro cria a riqueza e o poder.*

Os Estados Unidos arrancam da terra, por ano, de sessenta a setenta milhões de toneladas de minério e as transmutam em ferro. Em seguida transformam essa vertiginosa massa de metal em máquinas ou material de construção, que incorporam à estrutura do país. É de estranhar que se enriqueçam de maneira estonteante?

Alguns números tomados do Bureau of Census para o ano de 1927 nos dão a medida do que isso representa.

	Fábricas	Valor de Produção
Altos-fornos, fornos de aço, laminagem	773	$ 3.870.757.093
Produtos de aço	13.643	$ 4.209.917.128
Artigos manufaturados de aço	9.689	$ 9.800.298.085
Totais	**24.105**	**$ 17.800.872.306**

Se dá vertigem o simples atentar nesse "valor de produção em um ano", que forma nova de tontura não dará o considerar o valor de trabalho com que a imensa mole de maquinaria produzida cada ano passa a enriquecer perpetuamente a economia da nação? Dezessete bilhões de dólares por ano correspondem a seis vezes a riqueza nacional do Brasil. Quer dizer que só com a produção e manipulação do ferro os americanos produzem em 365 dias um valor equivalente seis vezes ao que conseguimos formar em mais de quatro séculos, desde que o colono luso fez a primeira casa, e plantou o primeiro pé de cana, até hoje. Isso explica aquele índice de eficiência igual a 42, significando que os 120 milhões de habitantes da América possuem uma capacidade de produção igual à de 5,040 bilhões de homens naturais, ou homens-músculo.

Em consequência da produção de ferro intensíssima, o padrão da vida se elevou a altura jamais sonhada. Um operário dos mais humildes goza de conforto e tem ao alcance coisas que fariam inveja aos reis antigos. E quando uma dessas ventanias cíclicas – crise ou pânico – sacode aquela estrutura gigantesca, pondo fora do trabalho alguns milhões de homens, a riqueza acumulada permite que tenham plena assistência até que o reajustamento se opere.

Enquanto isso se dá na grande república do Norte, na do Sul, de igual território e já com quarenta milhões de habitantes, a prosperidade não pega. Se começa a viçar numa região, atrofia-se noutra – os casos de São Paulo e da Amazônia. Os governos só conseguem viver sacando sobre o futuro e desabam fragorosamente quando o crédito lhes falta.

A coisa elementar que é o instrumento de troca, ou moeda, não a temos. Chamamos moeda a um papel seboso e anti-higiênico, de curso forçado pela polícia e que se arrasta pelos últimos degraus da desvalorização. Não temos crédito, não temos capital acumulado, não temos riqueza, a não ser de adjetivos e jactância. O valor da propriedade predial ao longo de uma rua de Nova York, a Broadway, é de 7 bilhões de dólares – quase três vezes a riqueza pública do Brasil. O nosso povo não tem saúde, não tem cultura, nem sequer conseguiu arrancar-se a um analfabetismo dos mais altos. E os homens, tontos com a situação, deblateram uns contra os outros, acusam-se das piores coisas, perseguem-se, destroem-se. Toda gente sugere alvitres para a salvação da pátria. No Rio corre impresso o escrito de um homem de responsabilidade na direção do país, alta patente do Exército, coronel Mário Hermes, com o titulo: *Projeto de salvação nacional*. Os governos, refletindo a desorientação ambiente, açodam-se em fabricar leis desesperadas – e tudo vai lentamente descambando para pior.

Raça? Clima? Instituições? Nada disso. Pobreza apenas. Fraqueza econômica, consequente da fraca eficiência do homem, muito perto ainda do homem-músculo. O caminho único que nos arrastará para fora do impasse é criar a eficiência que nos falta armando nosso homem com a máquina – e para isso, preliminarmente, uma só coisa cumpre fazer: produzir a matéria-prima da máquina, o ferro.

Desenvolvimento econômico. Esta expressão aparece com frequência nas mensagens presidenciais e em artigos da imprensa. Unânime acordo a respeito. O desacordo vem quanto ao caminho que leva ao desenvolvimento econômico. Cada qual aponta um, que não é caminho, mas sim errada. O caminho tem de ser um só, e será no nosso caso o mesmo que os grandes países trilharam. Estamos a repetir experiência velha, não estamos a criar nada de novo. O caminho velho é, pois, o bom caminho, único que conduz à vitória.

Um país só se desenvolve economicamente quando mobiliza as suas reservas naturais e as transforma em utilidades, para uso próprio ou intercâmbio com outros povos. Mobilizar reservas é tirá-las de onde a natureza as pôs e lançá-las na torrente do comércio. Só então a riqueza surge. Ora, mobilizar é sinônimo de transportar. Logo, produzir é transportar.

Quando dizemos que São Paulo produz café, significamos que São Paulo realiza a série de operações de transporte por meio das quais o café chega às mãos do consumidor. Plantando o cafeeiro, utilizou-se de um certo vegetal para transportar da terra e do ar certos princípios indispensáveis à coisa que chamamos café. Colheita é o transporte dessa coisa da árvore ao balaio. Depois vem o transporte em burros ou carroça até aos terreiros. O beneficiamento é transporte do estado de café em casca ao de café descascado. Vem depois o transporte por trem ao porto de embarque. O transporte em navio ao país consumidor. Torrefação e moagem – transportes de um estado físico para outro. Mais uma série de operações de transporte, e o café está afinal produzido – isto é, apresentado ao consumidor individual.

Esta enorme série de transportes só se tornou possível graças à presença do ferro. Começa o ferro a aparecer no machado e na foice que derrubam a floresta. Depois na enxada e máquinas agrícolas que preparam a terra. No burro de carga ou na carroça que traz o café do cafezal ao terreiro. De ferro é a máquina que o beneficia, o trem que o leva a Santos, o navio que o põe em Nova Orleans. De ferro é o forno que o torra e o moinho que o mói – e assim por diante. Suprima-se a colaboração do ferro na indústria do café e ela se torna impossível.

Onde estava essa riqueza-café? No ar, no solo, no clima, mas em estado de possibilidade, até que o ferro, criando o transporte, a fizesse passar a realidade. Foi até agora a única riqueza que criamos, mas onerando-a tremendamente, sem o percebermos, com a compra a crédito do ferro que a indústria do café exigiu. Nunca atentamos nisto e é coisa seriíssima.

Muito outra seria nossa situação hoje se o material ferro que possibilizou a fraca riqueza que já criamos tivesse sido de produção interna. Veio de fora, porém. O país deu em troca ouro, e como não chegasse o ouro de que dispunha, sacou sobre o futuro, tomando-o de empréstimo. A dívida externa do Brasil foi contraída, parte para adquirir ferro, parte para acudir às consequências da não produção de ferro.

Aqui está a diferença entre produzir e comprar ferro. O primeiro caminho leva ao enriquecimento à moda americana; o segundo, ao encalacramento à moda brasileira.

Um exemplo. Os Estados Unidos possuem quatrocentos mil quilômetros de estradas de ferro, que nada custaram ao país, visto como não passam de simples aplicação do ferro produzido em casa. O Brasil possui apenas 37 mil, que lhe custaram os olhos da cara. Se contas forem feitas, chegaremos a conclusões apavorantes. Centenas de milhares de toneladas de ferro já se desfizeram em ferrugem antes que a amortização dos empréstimos que lhes possibilizaram a compra houvesse chegado a meio caminho. Os juros pagos e a pagar acabarão representando muito mais que o lucro que esse material trouxe ao país.

Ferro é material de construção dos mais baratos. É chão derretido, como tijolo é chão cozido. País que compra chão dos vizinhos arruína-se. E outra coisa não temos feito nós – os detentores da mais rica reserva de minério do mundo...

Voltando atrás e resumindo: tudo na vida é transporte e este só se faz eficiente e industrialmente por intermédio do ferro transformado na multiplicidade infinita de máquinas que o homem criou. Não há máquina que não se reduza a um sistema engenhoso de transporte e não há máquina que não implique aplicação maior ou menor do ferro. Logo, não é de voto secreto, nem de nova Constituição, nem de crédito agrícola, nem de reforma ortográfica, nem de lorotas, que precisamos, mas sim primacialmente de ferro – o pai da máquina[5].

[5] *Entre as nossas grandes possibilidades estão o babaçu e mais palmeiras produtoras de cocos oleaginosos. Calculam-se por milhões e milhões o número de babaçueiros em plena produção nos estados do Norte. Cada palmeira produz em média 120 quilos de coco, integralmente aproveitáveis pela indústria.*

Entre os elementos que compõem esse coco está o carbono, no óleo que a amêndoa produz, no epicarpo, no endocarpo e até no engaço – esse precioso carbono cuja escassez em nosso território sob a forma clássica da hulha tanto nos tem atrasado o desenvolvimento.

Mas se hulha é carbono e se babaçu é também carbono, e se para as indústrias do carbono tanto faz que venha ele do seio da terra sob forma fóssil como apareça pendurado das árvores sob forma de coco, não há acusar a natureza de mesquinharia para conosco na distribuição dos seus dons à terra e sim da fraca inteligência que nos deu ao homem. Afeito a só pensar com ideias já pensadas, e pensadas lá fora, não percebe, não procura compreender que aos países possui-

O dilema vai se tornando cruel: ou produzimos ferro para sermos um grande país, ou continuaremos colher de pau e pereceremos esmagados. A panela de barro da fábula sempre acabou rachada pela de ferro – seja a história contada por Esopo, La Fontaine, Trilussa ou pelo balanço de um guarda-livros internacional.

dores de hulha cabe queixa, não a nós. Eles necessitam minerá-la – só na Inglaterra milhões de seres humanos foram sacrificados nesse trabalho terrível. A mina de carvão é Moloch devorador de vidas, não nas tragédias do grisu, espaçados acidentes, mas na vida antinatural, de minhoca, a que condena os mineiros de geração em geração.

A nossa hulha, isto é, a nossa fonte de carbono, minera-se a si própria. Todos os anos uma palmeira tira do seio da terra mais duma centena de quilos de coco. O químico Froes de Abreu avalia o valor térmico dum babaçu em 4.300 calorias. Produzindo cada árvore, em média, 1.200 cocos, temos um total de 5.160.000 calorias por pé.

Operada a mineração, a árvore apresenta ao homem o produto dela em cacho, a breve distância do seu braço. Como não o vê animar-se a colhê-lo, debulha-o e espalha o coco pelo chão, deixando-lhe apenas o trabalho que ela árvore não pode fazer: transportá-lo ao ponto de aproveitamento. Mas o brasileiro persiste em sua cegueira e toma dinheiro emprestado mediante hipoteca do futuro para comprar calorias inglesas. Despende nisso mais de meio milhão de contos por ano – e arruína-se!

Essa tremenda possibilidade que é o babaçu, porém, está condicionada ao ferro. Sem o produzirmos, para com ele criarmos o transporte, tudo continuará como até hoje – e prosseguiremos no expediente de sacar sobre o futuro, hipotecando todo o trabalho provável dos nossos netos, bisnetos e tataranetos.

As mais possibilidades de que é fértil o nosso território e que até aqui vimos lorpamente, por via poética, confundindo com riqueza, são do mesmo teor e por igual dependentes do ferro para se realizarem. Nota da edição de 1946.

Quem é William H. Smith

As estimativas sobre a quantidade de minério de ferro que o Brasil possui variam de oito a dezesseis bilhões de toneladas. Esteja a verdade com o mínimo e já isso representa alguma coisa para uma reserva mundial calculada em 32 bilhões. E se atentarmos que possuímos milhões de toneladas de minério com um teor metálico entre 60 e 70%, justifica-se um pequeno frêmito de orgulho, querendo isso dizer que possuímos em casa matéria-prima para construir uma grande civilização. Resta que possamos transformar em ferro parte desse minério.

Até aqui todas as tentativas falharam. A siderurgia moderna tem sua base no coque e não temos coque. Nossos carvões baixos não dão a preço econômico o indispensável coque siderúrgico. Esse deslize da natureza, não pondo ao lado do bom minério que nos deu o bom carvão preciso para reduzi-lo, impossibilitou-nos de criar a indústria do ferro. E, desanimados, a coçar a cabeça, deixamo-nos arrastar nesta triste vida de "país colher de pau" num mundo que se vai ferrando até aos dentes.

A nossa triste situação se eternizaria, se o processo de fazer ferro, iniciado com a descoberta do coque em 1735, permanecesse imutável e único. Mas tudo muda. Há uma coisa chamada cérebro que funciona admiravelmente em certas cabeças, lá fora. Há cérebros que pensam e investigam, em vez de se acocorarem num ruminamento de camelo do deserto.

Enquanto os cérebros dos homens técnicos que aqui deviam descobrir o "nosso" caminho para a solução do problema dormitavam, ruminando livros sobre a siderurgia a coque, única vitoriosa, um homem de Detroit, de miolo mais alerta, descobria a senda nova. William H. Smith chama-se esse homem a quem vai dever o Brasil a sua salvação de um destino de China.

Foi William H. Smith durante vinte e tantos anos diretor da metalurgia da Ford Motor Company, devendo a ele Henry Ford grandíssima parte do portentoso sucesso da sua empresa. É hoje professor da Universidade de Detroit, à qual ofereceu uma ala inteira, construída de seu bolso e onde instalou o curso da nova metalurgia a que preside. É talvez o homem que mais sabe de ferro no mundo, porque sabe tudo quanto os outros sabem e sabe a mais o que ele próprio descobriu.

Há um modo de saber muito nosso conhecido – por leitura apenas. O sábio deste tipo sabe o que os outros souberam e houveram por bem botar em livros. William H. Smith sabe de um modo mais alto. Sabe porque fez e faz. Quem presidiu à feitura de milhões de toneladas de aço que hoje correm mundo transformadas em carros Ford sabe de verdade, sabe por si, sabe de A a Z. No entanto, há por aqui no oficialismo uns zeros com pernas que "não concordam" com o que ele afirma...

Seu valor é tão alto que na Grande Guerra, quando os Estados Unidos entraram em campo e a vitória se tornou questão de vida ou de morte para a grande república, foi ele um dos seis chamados para constituir o comitê de mais aguda responsabilidade técnica que ainda se formou na América. A esse grupo de homens incumbia decidir, sem apelação, sobre todas as questões relativas ao aço a ser usado na guerra. Luta de aço germânico de um lado contra aço aliado de outro – e a guerra se resumiu nisso –, a ele coube uma parcela de vulto no comando supremo do aço americano. Terminada a luta, recebeu o posto de coronel, conjuntamente com os maiores louvores do governo Wilson[6].

Onze anos atrás iniciou na Ford Motor Company os seus estudos sobre o ferro-esponja, ou *new iron*, como ele o denomina hoje. Seu objetivo era fazer ferro sem fusão do minério. Esse novo caminho, chamado "redução em baixa temperatura", constituía velha aspiração industrial. Havia um século que se pensava nisso; e numerosos experimentadores, tanto no Velho como no Novo Mundo, deram ao caso o melhor do seu esforço mental.

Mas nenhum resolvera o problema. Conquanto fossem satisfatórias as experiências de laboratório, assim que se passava à produção em alta escala surgiam dificuldades que nenhum conseguiu remover.

[6] *Aqui reproduzimos a carta do Ordnance Department nomeando W. H. Smith membro desse comitê supremo:*

August 13, 1918.

Mr. Wm. Smith,
c/o Ford Motor Car Co.,
Detroit, Michigan.
Dear Sir:

Subject: Committee on Metallurgical Matters

1. You are appointed on a committee consisting of the following members:

Dr. G. W. Sargent Chairman,
Lt. Col. W. P. Barba,
Lt. Col. F .B. Richards,
Major A. E. White,
Mr. L. Summers,
Mr. Wm. H. Smith,

which committee has been formed under Office Orders No. for the purpose of centralizing the metallurgical functions of the different Divisions of the Ordnance Department, and co-ordinating the Ordnance Department's efforts along these lines with similar functions of the War Department, and the War Industries Board.

2. This committee is charged with the responsibility of developing the most recent and complete information of metallurgical products in order to enable the Ordnance Department to efficiently and practically design, and that material which will produce the finished whole to meet the service conditions for which it was intended, be assured to the design; to give all final decisions in all matters metallurgical in the Ordnance Department, both as it affects the Divisions and respective sections of the Department and the manufacturers working for and with the Department in the production of equipment for the successful canying on of the war.

C. C. WILLIAMS,
Major General, U. S. A.
Chief of Ordnance.

Chamo a atenção dos leitores para a parte final grifada, que assim se traduz: "Dar todas as decisões finais em todos os assuntos metalúrgicos, não só no que afeta as divisões e respectivas seções deste departamento como as indústrias que trabalham para, ou com o departamento na produção do material necessário à condução vitoriosa da guerra". Isto dá medida do valor nacional que esse homem representa na grande República do Norte. Nota da edição de 1946.

William H. Smith o fez de maneira completa. Após oito anos de tentativas e dispendiosas experiências pôde afinal ver seu esforço coroado pela vitória. A siderurgia, que emperrara no processo do coque desde 1735, conseguia afinal arrancar-se a essa unicidade e obter *produto melhor por preço de custo inferior*.

Três pontos caracterizam o novo processo. Não há fusão do minério, e portanto removido está o inconveniente máximo do processo clássico do alto-forno, que era a incorporação no metal produzido das impurezas da ganga e do coque redutor. Talvez fosse esta incorporação que fez os ingleses darem o nome de *pig-iron* ao produto obtido, isto é, "ferro porco". Nas operações subsequentes, para transformar o *pig-iron* ou ferro-gusa em aço, o trabalho maior era lavar, limpar, expurgar o gusa das impurezas da ganga e do coque nele introduzidos pela fusão. No processo novo o ferro sai dos fornos puro, o que não só elimina operações corretivas, como permite a criação de tipos de aço nunca obtidos até aqui.

Segundo. Como não há fusão, não se faz necessário o alto grau de calor que ela exige – metade basta. Este item entra por muito na economia de 50% que o novo processo tem sobre o processo clássico.

Terceiro. Não impõe o coque como o único agente redutor adequado, coisa que nos impossibilitou a siderurgia até agora. Aceita como agente redutor qualquer fonte de carbono – madeira, turfa, linhitos, serragem, raspas de couro, resíduos vários, casca de coco, bagaço de cana, palha de café etc. Até sábios da Grécia...

Em meu escritório em Nova York havia, com funções de pesa-papel, um briquete de ferro-esponja feito com minério de Minas e palha de café de São Paulo, o qual briquete deu origem a uma piada reveladora de que o humorismo não é incompatível com a metalurgia.

Por indiscrição de Artur Neiva, a quem contei isso em carta, um jornal de São Paulo noticiou o fato daquele ferro feito com minério de Minas e palha de café de São Paulo. Houve comentários, e numa roda em que impava Pires do Rio, um dos nossos grandes siderurgistas de leitura, alguém lhe pediu opinião a respeito.

– Só mesmo num país como o nosso pode uma tolice dessas ser levada a sério. Ferro feito com palha de café! Quá, quá, quá...

Os ouvintes deram mais uns *quás* de lambuja e todos se apiedaram do pobre imbecil que havia espalhado a coisa.

Chegando ao meu conhecimento o incidente, contei-o um dia a Mister Smith, o qual, sorrindo ao modo de Detroit, replicou:

– Diga a esse homem que faço ferro até com ele. Ponho-o no forno e sai ferro, visto que ele é em grande parte carbono. Só não garanto a qualidade do produto... – concluiu humoristicamente.

Como ia dizendo, é nesta variedade de agentes redutores que está para o Brasil a tremenda importância do novo processo. Impossibilitado que sempre se viu de produzir ferro por falta do elemento coque, que não tinha, pode agora fabricar ferro de qualidade excepcional, usando em vez de coque qualquer agente redutor que as condições locais indiquem. Poderá fazê-lo com babaçu no Norte, com casca de café em São Paulo, com o lixo da cidade, no Rio, com madeira em toda parte.

Como se vê, a situação mudou completamente e já estamos teoricamente salvos do triste destino a que a impossibilidade de produzir ferro nos condenava. Vem o processo Smith marcar o começo de uma fase nova para o Brasil e demais países na mesma situação que a nossa, isto é, ricos de minério mas pobres de hulha.

Sobre a importância do processo Smith na metalurgia do futuro, muito há que considerar. Significa, já não há dúvida, revolução. Em carta de um dos diretores da Krupp, que tive ocasião de ler, confirma-se o afirmado acima. "Já não me resta a menor dúvida", diz esse diretor, considerado como o "olho" da organização Krupp, o qual foi três vezes à América para estudar o processo, "que o vosso forno representa o maior passo dado pela metalurgia depois da invenção de Bessemer. Em não remoto futuro todos os países do mundo estarão sendo por ele influenciados."

Quer isso dizer que o atual sistema de "gravitação metalúrgica" está em via de ruptura. O mundo está hoje formado de vários sistemas planetários, com núcleos centrais, sóis em torno dos quais giram, coçando a cabeça, pobres satélites. Os países produtores de ferro são os sóis – Estados Unidos, Inglaterra, Alemanha, França, Bélgica, Suécia. Satélites são os demais – os que, não produzindo ferro, se veem obrigados a girar-lhes em torno. O Brasil, por exemplo, é satélite humilde de todos esses sóis, comprando-lhes desde o prego com que une as suas tábuas até a faca com que Lampião destripa gente nos sertões.

O processo Smith vem alterar esse sistema de equilíbrio, vem permitir que outros sóis surjam – e entre eles um que jamais pensou a sério nisso: o Brasil.

No começo, ao aparecimento por aqui das primeiras notícias sobre o processo Smith, o ceticismo foi completo. Vinham duma fonte suspeita, de um pobre-diabo que havia cometido o crime de escrever uns livros. Nada desmoraliza mais em nossa terra – e com razão. Escrever livros, isto é, cuidar da cabeça em vez da ferradura, é prova de desequilíbrio mental. Consequentemente, a coisa foi tida como literatice[7]. Mas com o tempo o testemunho foi dado por outros, por homens sérios que nunca escreveram livros, e começou-se a acreditar e a dar tento ao novo processo.

Os céticos se reduzem hoje apenas aos que, desconhecedores do *iron business*, perguntam, piscando o olho, certos de que estão apresentando argumentos de valor: "Se é assim, por que então os Estados Unidos não adotam o processo Smith?".

Antes de mais nada cumpre acentuar que só em 1928 apareceu a primeira comunicação sobre esse processo, na *Iron Age* de 25 de abril, assinada por grande autoridade, George B. Waterhouse, professor do Massachusetts Institute of Technology e consultor técnico da Bethlehem Steel Corporation. Até essa data William H. Smith, a cuidar das patentes no mundo inteiro, não autorizara a publicação de coisa nenhuma pela imprensa.

O que antes disso transpirou no Brasil proveio de uma indiscrição epistolar. É portanto esse processo matéria novíssima.

[7] *Em seu artigo no* Diário Nacional, *Pinto Serva me xinga de – literato... Nota da edição de 1946.*

Resposta à pergunta acima: a indústria dos altos-fornos na América está nas mãos de muito poucas empresas, que neles investiram *vários bilhões de dólares* e cuja missão principal é dar dividendos aos acionistas. Mudarem o processo velho pelo novo implicaria a destruição inteira do capital invertido.

Implicaria ainda servidão à patente Smith, hoje propriedade da General Reduction Corporation.

A Ford Motor Company, por exemplo, possui altos-fornos, e toda a aparelhagem correspondente, para a produção de duas mil toneladas de ferro-gusa por dia, no que investiu muitos milhões de dólares. Mudar de processo valeria por destruir tais milhões. A economia no custo de produção pelo novo processo seria totalmente anulada por essa destruição de capital. E para que mudar, se os Estados Unidos possuem carvão coquificável na maior abundância?

Já no caso brasileiro, e no dos outros países em situação igual à nossa, nada disso se dá. A indústria do alto-forno não existe concentrada nas mãos de poucas empresas, senhoras de todas as reservas de minério existentes. O caminho está completamente desembaraçado.

Mas o processo industrial mais econômico acaba sempre vencendo. Nos próprios Estados Unidos o processo Smith matará o alto-forno. Mas isso com o tempo, depois de muita luta e só quando, pela criação da siderurgia em países que já haviam desistido de tê-la, como o nosso, a concorrência dos novos produtores os forçarem à mudança. Oito anos levou o processo de Henry Bessemer para ser adotado na América[8]. Será tam-

[8] *Em 1856 Henry Bessemer anunciou na Inglaterra o seu processo pneumático de fazer aço que iria revolucionar toda a metalúrgica moderna. Apesar disso, só oito anos depois, em setembro de 1864, foi introduzido na América, numa usina experimental de Wyandotte, Michigan. Dali saíram os lingotes de aço com que a North Chicago Rolling Mill fabricou o primeiro trilho americano.*

O processo Smith, dado a público em abril de 1929, é tido por grandes autoridades estrangeiras como o maior passo dado pela metalúrgica depois de Bessemer. Revolucionará a metalurgia moderna talvez mais profundamente do que o processo Bessemer o fez. Calógeras prevê isso quando diz em sua citada conferência: "A se manterem as características desse forno (Smith) não será exagero afirmar que representa uma revolução na siderurgia maior que a invenção da retorta Bessemer ou a do aproveitamento dos minérios fosforosos pelo processo Thomas-Glichrist".

Bruno Bruhns e Goerns, diretores da Fred Krupp, de Essen, a mais alta organização metalúrgica da Europa, deram por escrito opinião que singularmente se identifica à de Calógeras. Nota da edição de 1946.

bém demorada, lenta, gradual a troca do processo corrente pelo novo, mas se fará um dia – e completa. Se dá melhor produto a preço inferior, acabará vencendo no mundo inteiro, por maior que seja a resistência dos interesses contrários.

O alto-forno ferido de morte

Duas invenções inglesas asseguraram aos ingleses por longo tempo a dominação do mundo – o alto-forno a coque e a máquina a vapor. Expandiu-se o Império Britânico à custa do ferro obtido com o coque e transformado em máquinas – sobretudo em navios; e à custa da energia obtida pela combustão da hulha posta a acionar essas máquinas. Tremenda jazida de hulha que era a Grã-Bretanha, soube o inglês tirar partido duplo desse carbono generosamente acumulado em seu subsolo.

Mas tudo muda. O petróleo com que o americano entrou na liça deu golpe sério no prestígio britânico. O motor de explosão, filho do petróleo, meteu em segunda plana a máquina a vapor, filha da hulha. A dominação inglesa, que tinha na hulha o seu maior esteio, entrou a sombrear-se. Ficou-lhe, porém, a segunda arma, a siderurgia a coque. Também esta vem de sofrer severo *capitis diminutio* com o advento do processo Smith. Os anos passam e é lei da vida que os filhos substituam os pais. A Inglaterra começa a passar, à medida que seu filho Sam se agiganta.

O petróleo tirou das mãos da Inglaterra o melhor negócio – vender os raios de sol que através das idades se vieram fossilizando na ilha. O novo processo siderúrgico virá reduzir o número de satélites que gravitavam em torno do ferro inglês, transformando-os, a seu turno, em novos centros de sistemas planetários. O Brasil, por exemplo, velho satélite britânico, pode, graças a Smith, fazer-se por sua vez centro de sistema com vários satélites sul-americanos a lhe girarem em torno.

Minério de ferro é um óxido de ferro sem nenhuma utilidade para o homem enquanto nesse estado. Para que se torne útil, havemos que separar o ferro do oxigênio.

Que é ferro? Ignoramos. A ciência só sabe que, no fundo das idades, quando tudo era mar, conglomerações de matéria sólida começaram a se reunir, que foram crescendo e encurralando as águas. Bilhões e bilhões de minúsculos organismos secretaram nas praias uma substância chamada sílica, que tinha a propriedade de se ligar a essa substância chamada ferro, a qual, por sua vez, com fins dum equilíbrio que nos escapa à percepção, chamava a si o oxigênio das chuvas. Assegurou-se dessa forma a estabilidade molecular com que chegou até nós a coisa preciosa que tem o nome de minério de ferro – e para cuja posse as nações se digladiarão um dia.

Certo momento o homem descobriu – e foi sua maior descoberta depois da do fogo – que, se isolasse o ferro do oxigênio, encontrado estaria o material necessário à completa dominação da natureza. E o homem começou a fabricar ferro, isto é, a expulsar do minério o oxigênio, pondo em seu lugar outro elemento, o carbono, que não impropriava o ferro, antes mais o adaptava aos fins em vista.

Fazer ferro passou a ser isso: contrariar a afinidade dos dois elementos, divorciá-los, romper um equilíbrio de milhões de anos. O oxigênio, porém, nunca se conforma com isso e vinga-se. Reage sem cessar e com paciência de beneditino desfaz lentamente a obra do homem. Oxida-a. Enferruja-lhe o ferro. Faz o ferro voltar ao estado primitivo de óxido, ou ferrugem.

Para dissociar os dois elementos é necessário aquecer o minério a altíssima temperatura, na presença de outro gás tão atrativo que, apesar do seu amor pelo ferro, o oxigênio abandona o seu velho amigo para ligar-se ao novo. Como sob a ação do álcool o homem mais sisudo faz coisas que jamais faria em estado sóbrio, assim sob a ação inebriante do calor o pobre oxigênio perde a cabeça e troca a sua ligação de milhões de anos com o ferro por um "rabicho" de momento. Cessada, entretanto, a ação do calor, o oxigênio volta ao seu juízo e furiosamente passa a oxidar o ferro outra vez.

Esse gás-sereia com que o homem rompe o velhíssimo matrimônio é o óxido de carbono, o qual, recebendo em seu seio o oxigênio do minério, se transforma em gás carbônico.

A temperatura de embriaguez necessária a esse ato de loucura fica entre 850 e 950 graus – e tudo correria muito bem se a operação parasse aí. Mas não para. O homem verificou que se a operação se detivesse aí a ebriedade do oxigênio cessaria e ele, imediatamente, se ligaria de novo ao ferro, anulando todo o trabalho feito. Para evitar semelhante desastre, o malicioso bípede continua a elevar a temperatura até dois mil graus, ponto de fusão do ferro. A fusão transforma todo o material que entrou no forno em massa homogênea, impenetrável aos gases – e o triste oxigênio o mais que pode fazer é oxidar apenas a superficie dessa massa, única parte com que fica em contato.

Está aqui o mal, o grande defeito do processo siderúrgico do alto-forno. A admirável obra da dissociação do oxigênio obtida entre 850-950 graus estraga-se com a fusão subsequente. Na massa ígnea passam a incorporar-se não só as impurezas do minério como ainda outras contidas no coque, principalmente o enxofre, que é a eterna asa negra dos metalurgistas. Esta peste desdobra-se, ao fundir-se, numa camada tenuíssima, como a do óleo à superfície das águas, a qual se imiscui por entre as moléculas do ferro, separando-as e diminuindo a resistência do metal. Vem daí que, por menor que seja a quantidade de enxofre no ferro, sua presença é sempre nociva.

O absurdo do processo está nisso. Depois de já haver reduzido (isto é, separado) o ferro, depois de tê-lo conseguido em estado puro, suja-o! Esta sujeira vai custar mais tarde muito trabalho para ser eliminada. Todas as operações metalúrgicas subsequentes, toda a chamada metalurgia do aço não passa de lavagem penosa, encarecedora do produto.

O grande passo que deu a metalurgia moderna com Bessemer, Siemens e Martin significa apenas *laundry* – trabalho de lavadeira eficiente. Os processos que receberam o nome desses metalurgistas correspondem à lavanderia a vapor, de alta capacidade, comparada à lavagem anterior, manual.

A despeito das suas tremendas desvantagens quanto à qualidade do produto, o alto-forno a coque venceu em toda linha graças ao baixo custo de produção. Venceu e dominou despótico até hoje. Só o coque, pela sua resistência física, suportava a pressão das grandes cargas no forno. Nenhuma outra substância portadora de carbono foi encontrada que o substituísse com vantagem. O carvão de madeira, por exemplo, pouco resistente ao esmagamento, só pode ser utilizado em fornos pequenos, como os que operam no estado de Minas. Para a alta produção requerida pela indústria moderna mostrou-se inadequado.

Resistência mecânica permitindo fornos de tremenda capacidade:[9] foi essa a razão do império do coque. E como era assim, a fabricação do ferro ficou na absoluta dependência do coque. País que o tinha teve ferro e prosperou. País, como o nosso, que o não tinha, condenado se viu a acocorar-se nas montanhas de minério que Deus lhe deu e a comprar fora quanto prego ou alfinete sua economia necessitava.

Podemos ter coque, já que temos carvão. A pobreza dos nossos carvões, porém, e a distância em que estão das jazidas de minério tornam o coque deles obtido antieconômico, caro demais para fins siderúrgicos. E não o tendo econômico produzido em casa, pior solução seria tê-lo importado. Donde: impossibilidade, provada pelo fracasso de todas as tentativas de produzir-se ferro entre nós à moda inglesa ou americana.

Isso nos entrevou. Quase quinhentos anos de vida desferrada, como a teve o Brasil, era mesmo para levá-lo ao que está – miséria negra em todos os estados do Norte e Centro, pobreza dourada nas capitais do Sul. Não sabemos o que somos. Há tanta escora e espeque e amarrilho de cipó na nossa estrutura social que ninguém consegue ver claro a forma do nosso edifício. Parece república e não é. Parece democracia e não é. Parece país e não é. Parece que está vivo e não está[10].

[9] *A Jones & Laughlin Steel Corporation inaugurou em fevereiro deste ano, na usina de Aliquippa, o alto-forno de maior capacidade que se conhece, 1.100 toneladas por dia. Poucos anos atrás um alto-forno para quinhentas toneladas era tido como padrão. A Carnegie Steel Company possui um para mil toneladas na usina de Edgar Thompson, em Braddock, e outro da mesma capacidade na usina de Youngstown. A Weirton Steel Company também possui outro de igual tamanho, e a Jones outro para 1.008 (New York Times). Nota da edição de 1946.*

[10] *Não será sintoma de morte esta indiferença por assunto de tal forma vital à nossa economia, e mesmo à nossa soberania? Estará realmente vivo um país onde se proclama um novo processo siderúrgico com elementos para o salvar para sempre da miséria em que patinha, e que não dá sinais de compreender a significação do fato?*

Inutilmente procurou quem isto escreve chamar a atenção do nosso governo, bem como de particulares, para o magno assunto. Pediu reiteradamente ao governo federal que mandasse técnicos verificar o fato de Detroit. A resposta foi um si-

O Brasil cochila acocorado à margem da civilização, sem saber para onde dirigir-se, sem saber o que fazer, o que pensar. Esperou e chocou o ovo da revolução como se fosse o milagroso cura-tudo. A revolução veio e nada pôde curar – nem pode, por melhores que sejam as intenções. Sua ação, meramente política, não alcança as raízes econômicas donde o mal secreto esvurma suas toxinas.

Esse mal é a pobreza, e revolução política quer dizer apenas nova repartição da riqueza existente. Ora, se esta é exígua demais, e se ao país pouco importa que esteja nas mãos de A ou de B, não será trocando letras que se cria alguma coisa. O de que havemos mister não é redistribuir o existente, mas sim criar riqueza nova, em tal quantidade que todos os habitantes deste território tenham o seu quinhão. E como riqueza só se cria por meio do ferro, é de ferro que precisamos. Por esse meio indireto conseguiremos afinal o que por meios diretos jamais foi, nem será, alcançado.

O alto-forno, a siderurgia clássica, recebeu finalmente o golpe que a vai matar, ainda que leve um século para morrer. Esse fato tem significação tremenda para nós. Vem marcar o começo do fim da nossa pobreza e o começo do princípio do novo Brasil. Podemos hoje produzir ferro "melhor e mais barato" que os nossos fornecedores. Podemos pois ser gente no concerto das nações.

O grande homem a quem o Brasil vai dever uma ressurreição maravilhosa não está aqui, jamais pisou nossa terra e só de meia dúzia é conhecido. É todavia o grande herói do momento. Sua obra determinará novo reajuste no mundo, com esplêndidas vitórias econômicas para uma série de países até hoje condenados à pobreza em virtude da triste condição de desferrados. Entre tais países nenhum se beneficiará mais que o nosso.

lêncio de mais de três anos – resposta, aliás, determinada pelos pareceres técnicos de órgãos informativos oficiais sem pleno conhecimento da matéria.

A primeira reação que meus gritos tiveram por parte dum homem de governo surgiu quase quatro anos após o meu primeiro comunicado. Veio de Getúlio Vargas, três meses depois da sua ascensão. Será que o Destino o fez obreiro de duas revoluções, a política, que já se consumou, e a econômica, que vai consumar-se? Nota da edição de 1946.

Adiante descrevemos o processo Smith, mostrando como feriu de morte o alto-forno a coque e assim lançou as bases da siderurgia futura. O que fez Darby em 1735 com a invenção do coque, abrindo caminho para a vitória britânica, vem Smith de fazer, não para seu país, mas para o Brasil, o Japão, o Canadá, a Itália e mais vítimas do azar na distribuição da hulha pelo mundo.

O novo processo de fazer ferro

Maior que o tremendo benefício por Henry Ford feito ao mundo, dando-lhe a máquina individual de suprimir as distâncias que tanto aumentou a eficiência locomotora do homem, vai ser o novo processo de obter ferro que em sua fábrica de River Rouge se desenvolveu. Embora criação de William H. Smith, cumpre não esquecer que à colaboração financeira de Ford deveu o inventor os meios de levar a cabo uma aspiração que havia tantos anos desafiava o engenho dos técnicos.

Não mais a ditadura do alto-forno. Não mais a soberania insolente desse monstro brutal, barrigudo, incontrolável, conspurcador da pureza do nosso amigo ferro. Em vez disso, uma bateria de pequenos fornos quadrangulares, contendo uma série de retortas verticais, que se alinham dentro de uma câmara de combustão comum. À direita e à esquerda desta câmara grande, uma série de câmaras pequenas, aquecidas por combustores de gás, dispostos de modo a formar uma serpentina de fogo apta a produzir um aquecimento uniforme, controlado por pirômetros. Eis em linhas gerais o forno Smith. Como opera?

O minério, depois de britado e misturado com a fonte de carbono disponível (serragem de madeira, cascas de coco ou de café; resíduos vários, turfa, linhito, o que seja) em quantidade um pouco maior que a rigorosamente precisa para a produção do óxido de carbono redutor, entra em jato contínuo pela boca superior das retortas. Moega, como nas máquinas de beneficiar café. E, como nestas, também há na parte inferior das retortas uma boca de saída, controlada por uma chapa oscilante. A mistura vai entrando pelo alto e saindo por baixo, na marcha de treze centímetros por minuto.

Posto em operação o forno, a mistura de minério e carbono passa pelas mesmas reações já observadas no alto-forno. Dá-se o divórcio entre o ferro e o oxigênio a que nos referimos atrás. O óxido de carbono recebe o oxigênio e vira gás carbônico. A passagem começa a 290 graus e termina a novecentos, depois de uma sarabanda molecular que os metalurgistas fixam com muita precisão em fórmulas que não cabem aqui.

Está neste ponto a grande coisa do processo Smith – o pulo da onça. As reações até aqui operadas são as mesmas do alto-forno, e se fossem interrompidas de brusco o oxigênio voltaria ao ferro incontinênti. Para evitar isso já vimos que o alto-forno eleva a temperatura até ao ponto de fusão de toda a massa, para desse modo impedir mecanicamente o acesso do gás. William Smith barra-lhe acesso de um modo muito mais inteligente. Em vez de defender por meio da fusão o ferro já reduzido, defende-o pela ausência do oxigênio. O ferro reduzido vai descendo pela retorta abaixo e se resfriando sem que em todo o percurso encontre o furioso oxigênio. E afinal atinge a boca de saída, onde a temperatura é de oitenta graus apenas – e pode entrar em contato com o ar sem mais perigo nenhum. Fora da temperatura onde sua paixão se exalta até ao desvario, o oxigênio só se combina com o ferro com lentidão de lesma. É o caso da ferrugem.

A fusão existe no alto-forno apenas com o fim de obstar a reoxidação. Consegue-o, não há dúvida, mas com o sacrifício da pureza do pobre ferro, conspurcando-o lamentavelmente. No forno Smith a fusão é substituída por sábia separação de corpos durante toda a fase em que o afogueamento da mistura torna perigoso o contato dos dois elementos divorciados. Eis tudo.

Note-se a grande economia de calor, a economia de agente redutor, a desnecessidade de calcário na carga, bem como de formidáveis injeções de ar. Tudo somado resulta numa boa economia no custo de produção – não se levando em conta a excepcional qualidade do produto. Se a isto acrescentarmos que o capital requerido para a instalação de uma bateria de fornos

Smith é muito menor que para o correspondente em altos-fornos, teremos resumido os méritos do novo processo e justificado a nossa afirmativa de que *ceci tuera cela*.

O calor necessário à operação é fornecido, parte pelo elemento redutor que acompanha o minério, parte por via externa. Os combustores de gás a que já nos referimos dão em cada ponto da retorta exatamente a quantidade de calor necessária para completar as reações que nesse ponto se operam. Esse gás é fornecido por gasogênios destacados do forno, que utilizarão qualquer fonte acessível – linhito, lenha, turfa, palha de café, o que seja.

Como se vê, além de produzir ferro puro, eliminando a calamitosa fusão, o novo forno dispensa em absoluto o coque. A coluna da mistura, de cinco metros de alto apenas, com uma seção de 375 centímetros quadrados, é leve demais para pedir ao agente redutor a resistência física do coque. E finda está a odiosa ditadura deste miserável déspota.

Parece nada, no entanto esta simples circunstância vem modificar alguma coisa na face da Terra. Vem permitir que novos países se engrandeçam e que o mundo futuro se componha de mais metrópoles e menos colônias. E entre as novas metrópoles, o Brasil – esta emperradíssima e encoscorada colônia.

O ferro obtido tem ao deixar o forno uma estrutura esponjosa, pois é o mesmo minério que nele entrou apenas com o oxigênio a menos. Não foi adicionado de nenhuma impureza estranha. Tem de impuro apenas o que de impureza no minério havia. Muito friável, segue dali para um moinho que facilmente o reduz a pó. Este pó passa por um separador eletromagnético, onde o que é ferro fica de um lado e o que não é ferro fica de outro. E pronto. A última operação – briquetagem – não é parte essencial do processo. Procede-se apenas para maior comodidade do transporte.

Estes briquetes de ferro correspondem industrialmente ao gusa, embora o supere de muito em qualidade. Em operações subsequentes, com menor dispêndio de carbono e trabalho, pode ser transformado em todos os tipos de aço e ferro conhecidos. E pode ainda produzir tipos novos, impossíveis até aqui por falta da matéria-prima ferro de absoluta pureza. O ferro-esponja obtido com os nossos minérios finíssimos, de formação sedimentária, darão, não resta dúvida, aços de constituir surpresa a velhos metalurgistas que nada mais podem tirar do processo corrente[11].

Esse ferro-esponja em estado de pó, se moldado e aquecido a 1.200 graus, adquire a consistência do ferro batido e pode ser usado para todos os fins – sem que em fase nenhuma necessite fusão. Isto vem abrir novos horizontes à metalurgia.

Eis em poucas palavras, e sem linguagem técnica, o que é o processo Smith sobre o qual já se começa a falar entre nós. Negado a princípio, quadradamente, pelos nossos sábios da Grécia oficiais, dado como fantasia de um literato de letras tontas, já merece a atenção distante dos nossos paredros científicos – gente que nunca produziu um grama de ferro em toda a vida e sabe de siderurgia o que consta dos livros clássicos – quer dizer, de livros com trinta anos, no mínimo, de atraso. Apesar da existência em Detroit, aberta a quem queira ver, de uma bateria de cinco fornos, com capacidade para 52 toneladas de ferro-esponja por dia – demonstração perfeitamente industrial, portanto; apesar duma fábrica em plena expansão na Índia, e de uma em montagem em Toronto, e de várias em estudo em outros países, esses insignes mestres teimam em permanecer numa gravibunda ignorância. Ignoram, como o ocioso de Horácio vadiava – *cum dignitate*, solenes, majestosos.

Consultados, ou contestam por negação, coisa facílima, ou puxam do bolso objeções infantis, que só impressionam leigos. Um apareceu que negou redondamente a praticabilidade do novo processo por vê-lo em contradição com a teoria clássica – como ele a tem no canteiro de cabelos.

[11] *Num estudo sob o título* Influência do ferro-esponja na qualidade do aço, *feito pelo doutor* W. *Rohland e que constituiu o relatório número 156 da* Verein Deutsche Eisenhutenleute, *na Alemanha, publicado na revista técnica* Stahl und Eisen, *edição de 10 de outubro de 1929, diz-se no período final: "Em resumo, as experiências até aqui feitas (no Kaiser Wilhelm Instituto de Pesquisas de Düsseldorf) mostram que o ferro-esponja tem grande influência na qualidade do aço produzido. A análise comum não dá explicação disso, nem ainda a análise microscópica ou os processos de fusão empregados. Unicamente à 'virgindade' da matéria-prima (ferro-esponja) pode o fenômeno ser atribuído". Nota da edição de 1946.*

Faz lembrar aquele célebre general austríaco que era o maior mestre da arte da guerra do seu tempo. Acadêmico ilustradíssimo, dava suas batalhas em rigoroso acordo com todas as regras aprendidas na escola militar. Chamado a bater-se contra Napoleão, apanhou como cachorro, apanhou como boi ladrão todas as vezes que lhe saiu à frente o pequenino corso.

Após uma dessas escandalosas derrotas, depois que se viu a salvo pela fuga com os destroços do seu exército, analisou a batalha e concluiu, ou antes, demonstrou por A mais B a absoluta inépcia de Napoleão.

– É incrível como a França deixa este homem comandar os seus exércitos! Não conhece nada da arte militar. Comete erros palmares, de que são incapazes até os meus sargentos.

Alguém objetou timidamente:

– Mas vence sempre, general.

– Sim, vence, não nego, mas de que modo? Vence contra todas as regras clássicas – o que é uma vergonha para a nobre arte da guerra.

Assim se comporta o processo Smith, na opinião do técnico acima. Produz ferro mais barato e melhor que pelo processo do alto-forno, mas contra todas as regras clássicas, o que constitui um crime imperdoável, merecedor de pelourinho e surras do Mário Pinto Serva.

É por causa de tais generais que sempre nos vimos derrotados em matéria metalúrgica. Parece que é tempo de fazer com eles o que Smith se propôs fazer com o outro – usá-los como agente redutor. Talvez seja o carbono que eles possuem nos miolos o único elemento ali aproveitável.

A magna questão: preço de custo

Chegamos finalmente ao ponto capital de toda indústria – preço de custo. Vitória ou derrota industrial são simples funções do preço de custo. Poderemos contar com a vitória, nós, os detentores das maiores e melhores reservas de minério conhecidas? Poderemos produzir ferro a preço de custo igual ou inferior ao dos demais produtores?

Vamos por partes. Nos Estados Unidos a região privilegiada em matéria de minérios é a dos montes Mesabi, junto ao Lago Superior. O óxido de ferro que a natureza lá acumulou possui um teor metálico entre 50% e 60%. Tal circunstância, aliada ao fato de serem as jazidas próximas dos Grandes Lagos, deu-lhes um valor tremendo. A luta pela sua posse constitui um dos mais emocionantes capítulos da siderurgia americana – luta de gigantes, tais como Rockefeller, Morgan, Mather e o famoso juiz Gary, que por tantos anos presidiu os destinos da maior empresa de ferro do mundo, a United States Steel Corporation. A luta se estabeleceu feroz, pela certeza em que todos estavam de que o controle da indústria caberia à empresa que se assegurasse na posse do minério de Mesabi.

E assim foi. O controle veio ter às mãos da United States Steel e fê-la a ditadora de braço irresistível. Senhoreando tal minério, não só conseguiu apanhar o que de melhor havia no território americano, como ainda beneficiar-se das vantagens do transporte fluvial pelos Grandes Lagos. O custo desse transporte, das jazidas de Mesabi a Pittsburgh, centro dos melhores carvões da América, feito parte por trem e na maior parte por água, não excede de 2,87 dólares a tonelada, preço excepcionalmente vantajoso. E foi com tal minério, a tal preço de transporte, que os Estados Unidos se transformaram de simples nação agrícola na mais possante nação industrial moderna. O preço de custo médio do ferro produzido nos altos-fornos de Pittsburgh é de 15 dólares.

Outra reserva de minério há nos Estados Unidos cuja situação é tida como sem paralelo em qualquer continente – a da zona de Birmingham, no estado de Alabama. A natureza fez ali o que nunca faz – pôs uma montanha de minério ao lado de uma jazida de hulha, de modo que com a supressão do transporte os altos-fornos colocados no vale produzem o ferro de mais baixo preço conhecido – 10 dólares.

Estes dados informativos, que tomamos da grande revista ianque *Fortune*, de maio deste ano[12], nos vão servir de ponto de referência para ajuizamento do nosso preço de custo. No caso primeiro, temos 15 dólares como preço tão vantajoso que permitiu o grandioso surto da moderna metalurgia americana; no segundo caso, embora se trate de jazidas menores e de fraco teor metálico – entre 30% e 40% –, bate-se um recorde mundial quanto a preço de custo.

Agora entre nós – pelo processo Smith. Segundo meticulosos cálculos feitos pelos melhores técnicos, o preço de custo nosso, numa fábrica montada no Rio, que utilize minério vindo de Minas e empregue como agente redutor resíduos da cidade, será de 130 mil-réis, ou 10 dólares, ao câmbio do dia. Isso para uma fábrica pequena, de cinquenta toneladas diárias, em que há sobrecarga, por unidade, das fortes despesas gerais e de administração. Em usina três ou quatro vezes maior o preço cairá a 100 mil-réis ou menos, talvez 7 dólares ao câmbio atual.

Note-se, porém, o seguinte. O preço de Pittsburgh, de 15 dólares, bem como o de Birmingham, de 10 dólares, são *no interior* e têm que suportar a adição do custo do *frete aos portos mais próximos, caso o ferro se destine à exportação.* O nosso preço, já muito mais baixo, é no *porto de exportação*. O significado

[12] *O autor refere-se ao ano de 1931, data da 1ª edição do livro. Nota da edição de 2010.*

disto é muito sério. Produzir no Brasil ferro a preço tal que possa competir com o estrangeiro no país que mais o produz vale por coisa capaz de ser entendida até pelos nossos técnicos.

Estes dados provam que poderemos doravante, em vez de nos exaurir na importação de umas magras pitadas de ferro caríssimo, pago em ouro, produzi-lo em casa para o consumo interno e ainda para exportá-lo com larga margem de lucro.

O ferro-esponja só é fabricado hoje na Suécia, que para isso usa, em ponto grande, o processo clássico de laboratório. Garante-lhe esse monopólio a qualidade excepcional do seu puríssimo minério – equivalente, aliás, aos nossos bons minérios de Minas. A esponja produzida é toda colocada na Alemanha e nos Estados Unidos, alcançando neste último país o preço médio de 44 dólares. Mas em virtude das deficiências do processo, o custo de produção é muito alto, orçando por 27 dólares.

Tudo vai mudar por lá, porém. Notícias de última hora nos informam que uma das suas maiores empresas siderúrgicas acaba de adotar o processo Smith. A velha Suécia, tão ciosa da sua alta metalurgia, reconheceu que *ceci tuera cela* e resolveu trocar o processo tradicional pelo novo, desenvolvido na América. Tratando-se da pátria do ferro-esponja, tem este fato altíssima significação – capaz também de ser alcançada até pelos nossos famosos técnicos.

Atrás nos referimos a uma fábrica pelo processo Smith na Índia, escapando-nos mencionar onde está situada e de quem é. Foi a primeira que se montou no mundo, graças à iniciativa de um aluno da Universidade de Detroit, o indiano Prim N. Mathur, que a localizou em Jamshedpur. Começou com cinco fornos, com capacidade para 25 toneladas diárias, e vai agora em plena ampliação à custa dos lucros do negócio. O ferro que lá se produz é obtido a um preço de custo que vem tomar ao de Birmingham o seu velho recorde.

Outra anda a montar-se em Toronto, sob os auspícios da Ontario Research Foundation.

E muito breve estará outra a funcionar no Rio, em que pese a opinião dos nossos céticos e dos nossos técnicos. Insuficiente que é a demonstração científica para convencê-los, o fato concreto o fará, para eterna vergonha de quem, visto como ignora, nega – caminho favorito da inépcia.

O governo projeta a queima, em vários anos, de dez milhões de sacas de café. A 60 mil-réis a saca isso representará a destruição de uma riqueza, já criada, do valor global de 600 mil contos de réis.

O estabelecimento do processo Smith no Brasil permitirá ao caso uma solução nova e de absoluto imprevisto.

Dez milhões de sacas de café significam, siderurgicamente, seiscentas mil toneladas de agente redutor, com o qual se poderão produzir 1,2 milhão de toneladas de ferro-esponja.

O valor desse ferro, ao preço de 44 dólares, que é o preço pago pelo produto sueco, seria de 760 mil contos de réis. No mercado interno, se lhe dermos o valor atual do gusa de Minas, seria de 516 mil contos de réis. E seria de 1,5 milhão de contos se o valor dado fosse o valor atual do ferro-gusa estrangeiro que recebemos por importação[13].

Por mais fantástico que este cálculo pareça, está rigorosamente baseado em fatos. Experiências feitas no Rio com café exatamente igual ao que vai ser destruído deram ferro de excelente qualidade – e de outro modo não podia ser. Fonte de carbono, o café não passa de um agente redutor como outro qualquer.

[13] *Pelo contrato que o governo federal assinou com a Itabira Iron Ore Company, esta empresa ficou autorizada a exportar anualmente três milhões de toneladas de minério de Minas. Exportar minério jamais foi negócio para país nenhum; só o é para quem o recebe. Está aí a Espanha, que exportou o seu minério para a Inglaterra e assistiu à tremenda expansão inglesa, feita com a máquina com que por meio desse material a Inglaterra se armou.*

Uma coisa só consegue o país que exporta minério: ficar desfalcado dele. O lucro que deixa o negócio é irrisório. Esses três milhões de toneladas que a Itabira pretende exportar por ano só deixarão ao país o magro salário do trabalhador que os minera, mais um magro frete às estradas que os transportam. Quanto representará isso? Três, quatro, cinco mil contos, se tanto.

Essa mesma quantidade de minério transformada em metal pelo processo Smith já representará algo de tremendo para a nossa economia. Representará dois milhões de toneladas de esponja de ferro, que lá fora poderá ser vendida a 44 dólares a tonelada, o que valerá para o país um lucro líquido de 88 milhões de dólares, ou mais de 1 milhão de contos.

Grande razão teve o presidente Artur Bernardes em se opor ferozmente a essa concessão. Fui um dos que mal compreenderam as suas razões e por isso o ataquei. Hoje sinceramente me penitencio, reconhecendo em público e raso que a sua visão de estadista é maior do que nós, jornalistas ocasionais, supomos. Nota da edição de 1946.

Tivéssemos a coragem dessa iniciativa e além de salvarmos da destruição uma grande riqueza, ganharíamos de lambuja a implantação definitiva da indústria do ferro em São Paulo.

Damos hoje por encerrada esta série de artigos nos quais se procurou apenas pôr em foco o problema vital da nossa economia, visualizado de um ângulo que a muita gente parecerá novo – e estranho. É bom que nos acostumemos a ver de todos os lados e não de um só, como se usássemos o tapa-olhos dos burros de carga. Noutra série, mais tarde, trataremos da energia, ou de como resolver o problema da energia com elementos exclusivamente de casa – babaçu e álcool. Serão também soluções americanas, porque é na América, não aqui, que as reais soluções dos nossos problemas estão sendo achadas. É de lá que William Smith nos acena com o meio de transmutar inútil óxido de ferro em preciosíssimo metal. É de lá também que Clinton B. Repp nos chama a atenção para uma imprevista e maravilhosa variante do problema da energia.

APÊNDICE

Para melhor informação dos leitores, reproduzimos o artigo do professor George B. Waterhouse, publicado no Iron Age *de 15 de abril de 1928, e também um trecho da conferência que o doutor Pandiá Calógeras pronunciou nesse mesmo ano na Escola Politécnica de São Paulo.*

Ferro-esponja pelo processo Smith

FORNOS VERTICAIS, COMO OS DE COQUE – REDUÇÃO DE 100% – DIRETA ASSISTÊNCIA AO ALTO-FORNO.

DOUTOR GEORGE B. WATERHOUSE
Professor do Massachusetts Institute of Technology, Cambridge, *e engenheiro metalurgista consultor.*

O processo da General Reduction Corporation, de Detroit, para produção de ferro-esponja de alta qualidade, constitui invento de William H. Smith, seu presidente. Por muitos anos esteve Mister Smith ligado à Ford Motor Company, onde tomou parte saliente na construção de todas as grandes fábricas dessa empresa. Nos últimos tempos teve a seu cargo o exame e a compra de jazidas de hulha e minério, bem como de florestas e o mais necessário ao plano de tornar a Ford independente quanto a matérias-primas. Também chefiou a seção de pesquisas, tomando parte ativa em vários desenvolvimentos metalúrgicos.

A ideia do processo Smith e seus fornos foi determinada pelo reclamo da indústria por melhor ferro e aço, e também pela necessidade de tirar partido de reservas de minérios de baixo teor e composição imprópria para o alto-forno. Provou-se ele, entretanto, igualmente econômico e adequado para o tratamento de minérios de alta classe, visto como o produto obtido não impõe nenhum trabalho ulterior de concentração.

Fornos similares aos de coque

Consiste o processo na redução de minério de ferro, materiais portadores de óxido de ferro ou concentrados magnéticos, em fornos verticais, onde o material se submete a temperaturas comparativamente baixas, longe do ponto de fusão, e permanece em contato com as substâncias portadoras de carbono, usualmente em estado sólido. O minério deve ser desintegrado de acordo com as suas características, em regra em fragmentos não maiores que um quarto de polegada.

Entra misturado com o material portador de carbono para os fornos. A carga é aquecida e resfriada por meio de dutos horizontais, o conjunto lembrando uma bateria de fornos para destilação da hulha. Na parte superior dos fornos a carga sofre um preaquecimento por meio dos gases já servidos, que saem da câmara a uma temperatura de 400 °F. Depois penetra na zona redutora, onde as temperaturas vão de 1.200 °F a 2.000 °F, e após a redução é resfriada pelo ar que entra para a combustão, sendo finalmente descarregada a menos de 250 °F, bastante arrefecida para que possa ser tocada.

Ilimitada quantidade de calor a 1.500-2.000 °F

Após a redução, o material é moído, se necessário, separado magneticamente e por fim briquetado.

Fator de muita importância no bem-sucedido do processo é a disposição que permite aplicar ilimitadas quantidades de calor entre 1.500 e 2.000 °F justamente onde se faz ele necessário à reação redutora, sem nenhum efeito no resto do aparelho. De igual modo um controle preciso e automático do calor, tanto em quantidade como em duração, é assegurado, principalmente na zona de redução. Os fornos medem dezesseis pés e seis polegadas de alto por vinte pés de comprido e dez pés de largo. São construídos de aço e tijolos e ainda de certos materiais próprios para o perfeito intercâmbio do calor nas partes dispostas entre a carga e os dutos de aquecimento ou resfriamento. O carborundum, por exemplo, é usado na zona de redução.

A disposição do forno Smith reduz as perdas de calor irradiante ao mínimo. Com a bateria de cinco, esta perda é estimada em 7% a uma temperatura de 1.600 °F na zona de redução. Se mais unidades são adidas à bateria, a perda decresce para 3,5% – o que sucede quando as unidades chegam a cinquenta. Daí por diante o decréscimo se torna mínimo. O custo dos fornos, baseado na experiência desta bateria inicial de cinco, é de 3 mil dólares, mais ou menos, por tonelada-capacidade.

Muitos tipos de minerais foram provados

Minérios de numerosos países têm sido provados e estudados à luz deste processo, embora a mor parte das experiências se fizesse com os do Lago Superior, mais facilmente acessíveis a Detroit. Excelentes resultados foram obtidos com resíduos de piritas.

Da mesma forma numerosos tipos de material carbonáceo foram experimentados como agente redutor, tais como o carvão de madeira, a serragem, cavacos, coque e brisa de coque, antracito, turfa, linhito, xisto betuminoso, alcatrão e gilsonite, que é um piche natural. Também certos materiais exóticos, como bagaço de cana, palha de café e coco babaçu, do Brasil. Este último constituiu durante a guerra uma importante fonte de carvão especial para as máscaras contra os gases asfixiantes.

Alguns resultados dignos de nota

Os fornos agem indistintamente como produtores de gás ou como aparelhos de redução, podendo um ou mais ser usado unicamente para a produção de gás, quando necessário. O reservatório de gás que se vê à esquerda da bateria mostrada na gravura tem por função armazenar o excesso dos gases produzidos. A tábua inclusa dá a análise e o valor calorífico dalguns destes gases.

AGENTES REDUTORES E PORCENTAGENS DOS GASES OBTIDOS

Material	CO	CO_2	H_2	CH_4	C_2H_6	ILL	N_2	O_2	BTU
Resíduos de madeira	40,0	14,0	42,6	-	1,0	-	2,8	0,6	277
Serragem	58,4	5,2	19,9	-	1,1	0,2	12,0	3,2	280
Linhito	–	–	–	–	–	–	–	–	835
Turfa	67,2	25,2	7,0	–	–	–	0,4	0,2	253
Xisto	21,6	14,6	31,8	7,8	1,0	0,2	21,0	1,8	263
Alcatrão	4,8	4,0	22,6	40,0	-	18,0	10,0	-	758
Brisa de coque	–	–	–	–	–	–	–	–	738
Bagaço de cana	19,2	19,0	28,2	11,4	-	1,4	18,8	12,0	250
Coco babaçu	22,4	7,6	37,4	-	16,8	0,4	14,0	2,4	481
Gilsonite	–	–	–	–	–	–	–	–	1.100

Carvões não coqueficáveis e linhitos são muito adequados neste processo. Quanto ao carvão bom, pode ser reduzido a coque numa ou mais retortas, aproveitando-se os gases e usando-se o coque. Muito material já foi reduzido com resíduos de madeira, provenientes duma fábrica de carrocerias sita nas vizinhanças. Vêm tais resíduos diretamente aos fornos por meio de tubos e sob pressão de ar. Os gases produzidos recebem imediata aplicação. Cumpre, porém, notar que os subprodutos que se podem extrair da madeira são muito valiosos para serem desse modo destruídos, sobretudo o ácido acético, de emprego no fabrico de lacas, e o álcool. Normalmente 1.470 libras de resíduos são empregadas para uma tonelada de minério de 50%; se o carvão vegetal for empregado, 460 libras bastam.

A REDUÇÃO É DE 100%

A redução dos óxidos de ferro a metal é de 100%. Interessante feição do processo observa-se no fato de o ferro absorver carbono em quantidade controlável até o máximo de 1,8%. A importância disto revela-se subsequentemente, quando, pela fusão, o produto é transformado em gusa ou aço. Aqui damos os resultados de algumas experiências.

Operando com magnetite de 45% de teor metálico, o produto revelou completa redução do ferro, com 85% de ferro total. Depois da separação magnética revelou 98% de ferro.

Com hematita de Mahoning, de 64%, foi obtida redução de 92%, e depois da separação, 97%.

Com minério da mina Imperial e uma hematita do Lago Superior de 44%, deu, respectivamente, 72% e 93%.

Com piritas queimadas, ou *blue billy* de 55%, deu 80% depois da redução e 90% depois da concentração ou separação magnética, tendo este minério mostrado um teor final em enxofre de apenas 0,08%.

Usos de ferro-esponja

Com respeito às aplicações de ferro-esponja, o *Boletim 270 do Bureau of Mines*, de 1927, as enumera todas, salientando o uso como agente precipitador do cobre. O processo Smith constitui o método prático e comercial de produzir esponja em pequena ou alta escala, de numerosos tipos de minérios, usando variadas fontes de calor. O gás produzido pode ser queimado nos tubos de aquecimento. Óleo combustível prova igualmente bem. O mesmo se dá com qualquer espécie de gás combustível. Também dá bom resultado o aquecimento com serpentinas elétricas; e onde a energia é barata, seu uso é excelente para compensar o fator de carga. As perdas por irradiação sendo baixas, os fornos podem ser conservados com pequeno dispêndio abaixo da temperatura de trabalho até que a energia abaixo do termo se torne disponível.

Melhor ferro e melhor aço possibilizados

Na indústria de ferro e aço de larga tonelagem o processo Smith pode ser de vantagem direta. Provê um produto de alta qualidade como suplemento ao atual ferro-gusa, sob um custo menor para as instalações e também menor consumo de calor que o alto-forno. Fato digno de nota é que é econômico em pequenas instalações, podendo ser adotado, como anexo, às usinas existentes, bem como ser implantado em países onde o alto-forno não pode ser usado. É também de grande assistência à moderna indústria do aço, visto produzir diretamente excelente matéria-prima para ele. Remove a necessidade de fundir minérios finos no alto-forno, o qual opera com maior rendimento econômico quando trabalha com minérios não finos.

O processo está protegido por patentes tiradas em trinta países, duas das quais nos Estados Unidos, de números 1.692.587 e 1.692.588, de 20 de novembro de 1928. Conquanto nenhuma publicidade lhe fosse dada até agora, os fornos têm sido examinados por numerosos técnicos e engenheiros desse país, da Europa, América do Sul e Japão.

Está apoiado por fortes elementos financeiros e possui completo estado-maior de técnicos, engenheiros e consultores na Universidade de Detroit.

A intenção de Mister William H. Smith, bem como da General Reduction Corporation, é tudo promover para a sua introdução em toda parte onde possa determinar melhoria na qualidade do ferro reduzido, do ferro fundido e do aço.

A opinião de Calógeras

Na conferência sobre a metalurgia em São Paulo, realizada em 1928 na Escola Politécnica, Pandiá Calógeras abrangeu com extrema clareza expositiva o quadro geral das nossas possibilidades em matéria siderúrgica. Suas conclusões foram as mesmas de quantos aprofundaram o assunto: dificuldades tremendas, exigidoras, para serem removidas, dum espírito de coordenação e continuidade que não temos, e ainda necessidade de enormes somas de capital, que também não temos. Em resumo, a impossibilidade de até aqui projetada para o futuro – isso dado que o processo da siderurgia a coque persistisse na sua, para nós, odiosa unicidade.

Tudo muda, porém, diz ele, com o advento do processo Smith. E o ano de 1928 poderá vir a marcar a data da redenção do Brasil. Leiamo-lo.

....

"Era esse o aspecto do problema em 1927. Já hoje talvez seja outro, e 1928 pode vir a ser para o Brasil a data de sua redenção, do ponto de vista da utilização de seus minérios.

De fato, a se realizarem as esperanças despertadas pela redução pelos gases no forno do professor William H. Smith, da General Reduction Corporation, de Detroit, Michigan, o problema da nossa siderurgia estará definitivamente solvido. Pode-se mesmo ir além e quase dar tal perspectiva como realizada, pois há mais de ano uma instalação desse gênero funciona normalmente, sem o menor contratempo, dando cem toneladas diárias de metal.

Convém expor o processo, para lhe compreender o imenso alcance em nosso caso.

Até hoje, a fusão redutora dos minérios exigia temperaturas altas, para fundir minério e leito de fusão, escorificar as impurezas e dar fluidez suficiente aos produtos para que pudessem correr nas lingoteiras por mera gravidade. Não se havia conseguido, industrialmente, evitar o imenso desperdício de energia térmica no aquecimento de tanta matéria estéril. O mínimo de consumo de coque, nas instalações mais perfeitas, era de setecentos quilos por tonelada de gusa, e entretanto, para o sesquióxido de ferro, as fórmulas de composição e as reações químicas indicavam cerca de 350 quilos como o bastante. Dobrava-se o consumo para aquecer o estéril e as massas acrescidas do leito de fusão à temperatura de fusão exigida pelo processo do alto-forno; e para obter aço e ferro doce, novas porções eram necessárias para o refino, mais uns quinhentos quilos por tonelada.

Os laboratórios, entretanto, conheciam meios de obter a redução gasosa dos minérios, evitando o gasto de calor da fusão do metal e das impurezas, e dando como produto – esponja de ferro.

Na análise quantitativa dos óxidos férricos, a corrente redutora de hidrogênio começa a agir por 300 °C e prossegue até mil; na barquinha de porcelana em que se põem os óxidos o resíduo é esponja de ferro.

Na prática industrial, visando obter a mesma esponja pura, nunca se obtivera produto com mais de 60% de metal: era impossível manter nos aparelhos uma atmosfera rigorosamente redutora, vedando voltas de ar e de umidade, que tornavam a oxidar partículas já reduzidas.

Conseguiu o professor William H. Smith construir um forno em que a vedação do ar se mantém de modo absoluto, de sorte que a operação se dá como nas análises docimásticas. O redutor é o óxido de carbono, e a reação pode aproximadamente explicar-se pelas equações químicas seguintes, conforme a natureza dos gases residuais:

$$Fe2O_3 + 3CO = 2Fe + 3CO_2 \text{ ou}$$
$$Fe2O_3 + 2C = 2Fe + CO_2 + CO$$

isto é, a oxidação do carbono se faz à custa do oxigênio total do minério, ficando livre o metal. Reação exotérmica, que economiza o combustível suplementar a consumir para fornecer a temperatura precisa para a redução. Esta começa a 300 °C e atinge de novecentos a mil no caso de magnetita. Evita assim subir aos altos valores da temperatura de fusão do ferro (1.530 °C) e da formação das escórias (1.350 °C). Os produtos finais são sólidos, frios e o rendimento em metal vai de 95% a 100% do teor do minério; esta última percentagem obtém-se com cerca de uma hora de permanência na zona redutora. A separação do ferro dos demais resíduos da operação é facílima, por meios de eletroímãs.

O aspecto do metal varia conforme as dimensões dos fragmentos introduzidos no forno, desde o de uma limalha de ferro até o de grãos menores de um centímetro; sua coesão é fraca, esfarela-se sob a pressão dos dedos; pode ser prensado sem aglutinante, formando blocos duros, porosos, de esponja metálica. Estes blocos constituem matéria-prima para operações ulteriores de fusão, refino e formação de ligas quaisquer.

Todas essas operações complementares são feitas eletricamente, e a fusão não exige mais de quatrocentos quilowatts-hora por tonelada.

Os fornos, que relembram as retortas verticais de fabrico de coque, podem associar-se em maciços com um número indefinido de elementos unitários. Essa elasticidade permite trabalhar com igual economia cem unidades ou quinhentas. O espaço ocupado é pequeno, e a extensibilidade das baterias é mera questão de justaposição. Os gases de escapamento, parcialmente queimados, ainda podem ser utilizados, pois são suscetíveis de dar trezentas unidades térmicas britânicas (trezentas BTU). Quaisquer impurezas existentes na esponja se eliminam pelo refino elétrico ordinário, com banhos convenientemente dosados de escórias ou de calcário.

Tais informações decorrem, não já de laboratórios experimentais, mas de uma instalação funcionando há mais de doze meses, sem perturbações, fornecendo diariamente cem toneladas de esponja de ferro.

A se manterem as características desse forno, não será exagero afirmar que representa uma revolução na siderurgia maior do que a invenção da retorta Bessemer ou a do aproveitamento dos minérios fosforosos pelo processo Thomas-Gilchrist.

Para o Brasil, vale pela inversão completa de nossas condições econômicas; antes dela, antes de 1927 portanto, a siderurgia nacional se apresentava mais do que precária; depois dessa data, podemos ser os maiores produtores de ferro do mundo.

Perspectivas novas

Examinemos os novos aspectos criados, para nós, pelo forno William H. Smith.

Liberta-nos do obstáculo, ainda hoje irremovível, do coque metalúrgico. Qualquer fonte de carbono servirá: hulhas impuras, linhitos, turfas, carvão vegetal, madeira, serragem etc. etc. A quantidade a consumir ficará limitada ao que a redução do minério exigir, e toda a parte do combustível destinada ao aquecimento do forno para ser atingida a temperatura das operações poderá ser substituída por eletricidade, tal seja o preço do quilowatt-hora.

No caso da hulha nossa, sua prévia despiritização permitirá trabalhar com óxido de carbono puro e fornecerá um resíduo de pirita aproveitável em dois sentidos: para a indústria do enxofre e do ácido sulfúrico, com suas consequências infinitas; para utilização, como minério, do sesquióxido de ferro resultante da ustulação.

No caso de linhitos e da turfa, a tarefa é ainda mais simples pela pureza da fonte de carbono. Na eventualidade de substâncias vegetais, madeira ou carvão, as vantagens econômicas são a diminuição das quantidades a empregar, mais ou menos o terço do que hoje exigem os altos-fornos mineiros; além disso, tudo presta para os gasogênios, inclusive a rama seca.

A ação do forno Smith independe da natureza do óxido. Se se tratar de minério puro e pulverulento (as jacutingas de Minas ou de Goiás), a redução é mais pronta, ultima-se em temperatura mais moderada (950 °C) e com menor gasto de carbono, pois com a magnetita 1.050 °C devem ser atingidos e o prazo excede um pouco de uma hora. A experiência já foi feita com itabiritos e jacutingas brasileiros: não o foi com magnetitas compactas.

Salvo a diferença no preço de custo dos materiais dessas duas proveniências, das operações de quebramento dos nódulos de óxido magnético, não há razão teórica para prever qualquer inexequibilidade no último caso. Não havendo formação de escória, o inconveniente do titânio é eliminado, pois fica na ganga sem se misturar com o ferro metálico, e este é facilmente separável pelos eletroímãs.

Se estiver essa impureza, ou qualquer outra, misturada ou em combinação com o próprio ferro, será depurada no refino elétrico por uma escorificação adequada.

Claro que, em igualdade de circunstâncias, a superioridade dos minérios sedimentários se manterá integralmente, e que, na grande siderurgia, o vencedor será a indústria baseada nas hematitas, quer pulverulentas, quer maciças.

Mas elementos locais intervirão também, com força desconhecida até agora. Por exemplo: se a distribuição geográfica for tal que estejam próximas as jazidas de combustível e as de ferro, poderá a diminuição das despesas de transporte de matérias-primas ser de ordem a compensar, ao menos para o consumo próximo, os ônus suplementares do custo do processo para minérios inferiores.

A consequência é imediata e evidente. Santa Catarina possui magnetitas e hulhas aproveitáveis, situadas a pequena distância umas das outras; São Paulo, no vale do Ribeira, tem magnetitas em Jacupiranga em meio das matas virgens importantes da serra do Mar, e, mais tarde, será ligada à zona com as jazidas carboníferas do rio das Cinzas, no Paraná (e é mais um argumento em prol dos prolongamentos da Southern São Paulo Railway e da Sorocabana); talvez Ipanema se torne igualmente explorável com a hulha paranaense. Cumpre ainda lembrar os recursos do reflorestamento de que São Paulo está cuidando a sério.

Com as hematitas minerais, o centro principal de produção será o Vale do rio Doce, devido às matas da região e à possibilidade de aí se descobrirem linhitos e turfas. Será, entretanto, problema a resolver, ante os fatores econômicos de cada caso, se convirá exportar pela Vitória os produtos acabados ou transportar somente a esponja pela Leopoldina Railway ou pela Central, devidamente prolongada e aparelhada, como matéria-prima para grandes usinas centrais de elaboração, mais próximas dos mercados consumidores do Rio e de São Paulo. E aí, novamente, a região de Entre Rios à Barra do Piraí e suas imediações vem em foco.

Do mesmo modo, toda a margem Oeste e Sul da área ferrífera do centro de Minas – de Belo Horizonte a Congonhas do Campo, Ouro Preto e Mariana – terá de ver elaborados seus minérios fora do estado. Por algum tempo, haverá possibilidade de trabalhar com linhito, que o há em certa quantidade no Gandarela: uns dois milhões de toneladas, podendo pelo processo Smith reduzir o dobro, ou quatro milhões de toneladas de ferro. Será questão de dinheiro e de tempo. Admitido se chegue a produzir trezentas mil toneladas em média por ano, são recursos apenas para uns onze ou doze anos. Daria tempo, talvez, para reflorestar a zona com essências de crescimento rápido e permitiria continuar a indústria com carvão vegetal.

Não longe da Barra do Piraí há a turfa em Bom Jardim, e linhito em Caçapava e Taubaté, combustíveis excelentes para o forno de redução que citamos. Além do que, se algum dia se solver economicamente o problema da utilização dos xistos para darem óleo, será nova fonte abastecedora de carbono.

Por este processo o consumo de lenha ou de carvão vegetal baixa à metade, ou mesmo à terça parte, do que se dá no alto-forno.

Inda assim, para ser considerado tal uso como normal, cumpre associá-lo ao reflorestamento e ao corte metódico das árvores.

Quanto à força motora, a eletricidade a fornecerá. Todo o vale encachoeirado do Paraíba está em condições de receber barragens. Se Entre Rios for o ponto escolhido, já duas estações produtoras existem na zona, na Ilha dos Pombos e em Alberto Torres.

Da natureza dessa redução gasosa dos minérios decorre grande elasticidade no localizar usinas; a descentralização as espalhará de Minas a Santa Catarina.

Os preços de custo variarão com as condições de cada caso; talvez se possa prejulgar como limites de 130 a 150 réis por quilo de esponja de ferro, ou 150 réis a 170 réis por quilo do metal refinado eletricamente, ferro doce ou aço. Ora, os preços CIF[3] de material análogo importado andam por quatro ou cinco vezes isso.

Mais uma vez repetimos: exatas que sejam tais informações, a siderurgia no Brasil pode considerar-se problema resolvido, dependendo apenas de realização prática.

....

Quanto ao ferro, urge indagar e contrastar a veracidade das notícias que nos vêm dos Estados Unidos sobre o preparo corrente e econômico da esponja, pela redução direta dos minérios, sem intervenção do coque. Confirmados plenamente os informes, abrem-se possibilidades ilimitadas para o Brasil, e deles, em parte, poderá notavelmente beneficiar-se São Paulo, mesmo com os óxidos impuros que possui.

No capítulo dos combustíveis – hulhas, xistos betuminosos e rochas petrolíferas –, ainda não está iniciada, sequer, a era das pesquisas. Realmente, nada significam as poucas sondagens feitas até agora em busca do óleo. Sobre hulhas, meros afloramentos se conhecem e nem mesmo é sabida a natureza geral da área permocarbonífera do estado. Dos xistos, o que já se colheu é muito pouco. Exceção única, temos as camadas linhitíferas do Vale do Paraíba, parcialmente exploradas.

O balanço apresenta-se fraco. Mas talvez se lhe aplique o que só hoje se pode compreender – a potencialidade imanente do novo método de redução direta das magnetitas titaníferas. E o horizonte, a serem exatos os prenúncios, revela-se imenso.

Talvez 1928 venha a ser, em breve, o berço do advento do Brasil no mercado produtor de ferro, e São Paulo aí terá de figurar.

[3] *Cost Insurance Freight. Nota da edição de 2010.*

O que já fizemos aqui

O processo de produção de ferro aqui exposto está em trabalhos de adaptação ao Brasil – e como é penoso um trabalho de adaptação! Tomei parte na obra, em companhia de Fortunato Bulcão, Edmond de Raeffray, Afrânio do Amaral e Carlos Teixeira – quatro nomes que o país rememorará mais tarde. A primeira tentativa chefiada por Bulcão fracassou, porque se baseava no governo federal – todos sabemos que coisa é o governo federal. Mas a ideia não morreu. Raeffray, um rapaz de gênio, já falecido, inovou o processo Smith: em vez do minério e do elemento carbônico redutor entrarem misturados na câmara da redução, teve ele a genial ideia de um desdobramento. Na câmara de redução só entra o minério; o material carbônico é gaseificado fora e vai pôr-se em contato com o minério só na parte que aproveita, isto é, sob forma de monóxido de carbono. Isso veio suprimir certos inconvenientes que ainda havia no processo Smith.

A ideia de Raeffray foi objeto de uma patente básica, tirada por mim e transferida para a empresa que se propunha desenvolver o processo Raeffray. A ideia foi aperfeiçoada por Carlos Teixeira e Afrânio do Amaral, com a introdução de mais um elemento regulador: a pressão. E foi assim que a primeira usina produtora de ferro-esponja no Brasil, montada no bairro de Jaguaré, em São Paulo, conseguiu o perfeito ajustamento do processo de produzir ferro em baixa temperatura às nossas condições e materiais.

Da pequena usina de Jaguaré vai sair a futura, grande e perfeita solução do problema siderúrgico do Brasil – e não do elefante branco de Volta Redonda, cujo fracasso já é admitido por todos. Não basta produzir ferro; é preciso produzi-lo por preço que suporte a concorrência do ferro produzido fora – e é o que Volta Redonda jamais conseguirá fazer, em consequência de sua má colocação estratégica – longe do minério e longe do carvão –, longíssima do carvão, pois que o tem de importar de fora...

Aos leitores interessados no assunto, indicarei a obra de Afrânio do Amaral, *A siderurgia e o planejamento econômico do Brasil,* onde o problema do ferro vem estudado a fundo em todos os seus aspectos nacionais – inclusive no da redução em baixa temperatura pelo processo da patente brasileira. Não se trata de uma simples compilação livresca, sim duma obra vivida. O autor *viveu* o assunto – e é graças à tenacidade e à inteligência de Afrânio e Carlos Teixeira que a siderurgia no Brasil está com um esplêndido caminho aberto. O livro mostra que não houve apenas a aplicação dum processo desenvolvido fora, mas evolução desse processo num verdadeiro trabalho de criação.

Guarde o público os nomes dos heroicos trabalhadores da construção do dia de amanhã: Fortunato Bulcão, o introdutor do processo Smith; Edmond de Raeffray, o introdutor duma ideia nova; e Afrânio do Amaral e Carlos Teixeira, os ajustadores finais.

O VOTO SECRETO

Carta aberta ao doutor Carlos de Campos

Muito vacilamos em dirigir a Vossa Excelência esta carta, cuja preocupação exclusiva é a da verdade sem refolhos; e se o fazemos é na crença de que para os espíritos superiores nunca poderá ser mal vista a sinceridade. Nela resumimos o nosso sentir íntimo, e nos fazemos intérpretes da opinião coletiva, agitada neste momento como em período nenhum da vida nacional. O que temos a dizer liga-se à situação política da nossa terra, em crise incubada de 1989 para cá e em crise de solução – talvez fase do tumor que vem a furo – neste momento; e como sobre o assunto um dos signatários dirigiu ao Excelentíssimo presidente da República uma carta cujos conceitos todos encampamos, começaremos por dar a Vossa Excelência conhecimento dela em seu conteúdo integral.

* * *

"São Paulo, 9 de agosto de 1924.

Excelentíssimo Senhor Doutor Artur Bernardes:

Hoje, aniversário de Vossa Excelência, venho com as minhas felicitações e o meu presente: esta carta. Nela resumo uma série de observações sobre o estado de espírito do nosso povo, que de há muito ando a estudar com a maior isenção de ânimo. Fotografei esse estado de espírito no doloroso momento presente e fiz-me preciso e frio como máquina, para não interferir com as minhas ideias e sentimentos no trabalho delicado da focalização. Sondei centenas de criaturas de todas as classes sociais, ricos e pobres, patrões e operários, gente de baixo e gente de cima. Como a maior parte dos homens tem duas opiniões, uma de uso social e outra íntima, resultante da experiência pessoal, desprezei sempre a primeira, pura máscara, e arranquei confissões à segunda, única que interessa. Estas observações valem, pois, pela intenção com que foram feitas e pela dose de verdade que encerram. Se Vossa Excelência as conhecer e sobre elas refletir nalgum momento de sossego que acaso tenha, estou certo de que algo bom resultará. E é nessa esperança que me animo a enviá-las ao homem em quem sempre me impressionou o vivo interesse patriótico de resolver os tremendos problemas de nossa infeliz terra; ao homem que a posteridade cognominará de presidente-mártir, pois nenhum sofreu maiores amarguras, nem foi tão sarjado pela calúnia, nem tão insultado – e menos compreendido em suas intenções honestas.

As minhas conclusões são as seguintes:

O estado de espírito do povo brasileiro é de franca revolta. Tomei médias e creio não errar orçando em 90% o índice das criaturas que quando se abrem na intimidade denunciam esse estado de revolta. Do espírito de revolta ao espírito revolucionário a transição é mínima. Basta que deflagre um movimento militar para que a passagem se opere e o revoltado se transforme em revoltoso. Revoltoso platônico, é verdade, mas perigosíssimo, pois dará à explosão a força moral das suas simpatias, e também a material, sendo-lhe possível.

Esta média elevadíssima espanta-me, e posso afirmar que tem crescido sempre, acentuando-se até entre os próprios empregados públicos. Abrange todas as classes sociais sem exceção e sobretudo a classe pensante, a parte culta do país.

Verificado este estado de espírito, tratei de indagar de suas causas, usando os mesmos métodos de observação serena e meticulosa; e cheguei à conclusão de que isso se dá em virtude do completo divórcio entre a política e a opinião pública. De toda gente ouvi os maiores horrores sobre a política e os políticos – tida aquela como a arte de explorar o Tesouro, e estes, como usurpadores indignos. Daí o completo desinteresse da nação pela política.

Ora, sendo a política, em sua legítima acepção, a arte de governar os povos, não se concebe que os cidadãos assim se desinteressem do que tão de perto lhes afeta a felicidade e o bem-estar. Por que, então, esse horror que a elite da nação, a sua melhor parte, a parte rica, a parte culta, a parte cérebro, a parte nobre por excelência, demonstra com tamanha franqueza? Por que a imprensa livre – a que direta ou indiretamente não recebe favores oficiais – é tão acintosa contra *todos* os governos? Por que despreza o povo a imprensa amiga dos governos e dá apoio incondicional à imprensa oposicionista? Há de haver nisto causas mais profundas que as habitualmente apontadas.

Neste ponto do meu estudo as conclusões foram as seguintes.

Um vício mantém cada vez mais vivo o divórcio entre o governo e a elite do país, vício tão grave que se não for corrigido a tempo nos arrastará à completa ruína. Esse vício é o nosso regime eleitoral de censo baixo. A experiência dos povos demonstra que o sistema representativo só dá benéficos resultados quando o regime é de censo alto. Porque o censo alto é o *controle* da política pela elite da nação, é o respeito à lei natural de todos os organismos, é a parte-cérebro desempenhando suas funções de cérebro e a parte-músculo (massa bruta, populaça, gente rural sem cultura nem capacidade de discernimento) subordinada naturalmente ao cérebro. As várias eleições a que assisti assombraram-me. Interroguei numerosos eleitores, em regra tabaréus boçalíssimos, e poucos encontrei que soubessem sequer o nome do candidato em quem votavam; nenhum vinha às urnas espontaneamente, no cumprimento livre de um dever cívico; este vinha em troca de um chapéu novo ou uma nota de 50 mil-réis; aquele, por ordem de um patrão ou cabo qualquer. Em nenhum desses indivíduos notei *capacidade natural* de voto; tinham apenas a *capacidade artificial* que a lei concede. Mas como a lei não outorga inteligência, cultura, discernimento a quem os não possui de fato, essa capacidade artificial representa uma grosseira mentira de funestas consequências.

Ao lado dessa massa bruta, deste músculo inconsciente ao qual a lei dá funções de cérebro mas que permanece músculo, visto como acima das leis humanas estão as leis naturais, ao lado dessa multidão ignara, verdadeiramente boçal, vi a elite do país, a parte culta, a parte-cérebro, a parte pensante, a parte nobre por excelência, conservando-se na mais rigorosa abstenção! De modo que entre nós vota quem não tem o direito natural de voto; e não vota justamente quem devia votar, isto é, quem possui a capacidade natural de voto, com base na cultura e no discernimento!...

Como consequência imediata deste absurdo, temos que a política, a nobre arte de governar, se transforma em monopólio dos políticos, isto é, dos homens que fazem da política profissão e meio de vida. Como a massa bruta que elege não tem discernimento para escolha, o político no mau sentido apossa-se dela e fá-la um passivo instrumento referendatário da sua permanência no poder. E surge o mal tremendo do 'censo altíssimo': *controle* de tudo por parte de um grupo cuja mira é uma só – não cair. Fecha-se, dessarte, a carreira política a todas as vocações, a todas as forças novas. Não há mais ventilação possível. Nem renovação possível. Há apenas uma classe que se cristaliza em casta. A admissão na política não procede mais da eleição e sim da escolha dos que estão de posse da máquina. O homem de maior capacidade não consegue fazer-se eleger pela força das suas ideias, e só penetrará na política se de cima lhe derem licença. Assim é e assim será enquanto durar a funesta inversão de valores que transfere para o músculo a faculdade de eleger e afasta o cérebro.

Pergunta-se: mas por que a elite não concorre às urnas? Por que foge de cumprir esse dever de todo cidadão? A resposta é rápida: porque considera absoluta inutilidade ela, minoria consciente, lutar com a massa bruta inconsciente, que é maioria. No corpo humano também, se o cérebro, na balança, quisesse apostar em peso com o músculo, claro que seria vencido. O raciocínio geral é este: se meu voto, estudado, ponderado, calculado, livre, tem de ser anulado pelo voto do meu jardineiro, que é um imbecil, sem discernimento nem cultura, prefiro ficar na moita. E não há outro raciocínio no caso. Desse modo temos *automaticamente afastados das urnas justamente os homens possuidores da capacidade natural de voto.*

Neste ponto tornam-se claras as razões do divórcio entre os governos e a parte nobre do país. Ela tem os governos em má conta e despreza-os, justificando-se ainda com os péssimos resultados colhidos de tal regime. O Brasil está praticamente falido, não tem instrução, não resolve nenhum dos seus problemas vitais e irá ao esfacelamento, se uma reforma radical não detiver esta marcha de coisas.

Este divórcio está de tal forma intenso que se torna possível o fato assombroso acontecido em São Paulo: um governo cai integralmente, derruído em todas as suas peças, e ninguém surge a defendê-lo! Numa população de setecentas mil almas, colocam-se ao lado do presidente, nos Campos Elísios, setenta pessoas! Logo depois esse governo reentra em funções e é recebido friamente. E note-se que o povo não tinha a menor queixa desse governo; ao contrário, dava-lhe muita simpatia, louvando-lhe sem reservas os primeiros atos. Porém era governo imposto... As tropas legais desfilam pela cidade e o povo não as aclama como libertadoras. Silêncio mortal. Silêncio de desapontar. Indiferença absoluta.

Por quê? Porque governo revolucionário ou governo legal, para o povo é tudo um, já que nenhum é livremente escolhido por ele.

Este fato aterrorizou-me. Vi a possibilidade de uma subversão completa da ordem no país inteiro, como se deu na Rússia, com o cotejo infinito de sofrimentos e horrores que as convulsões revolucionárias acarretam. E pus-me a refletir no meio prático de evitar a catástrofe. Interroguei, indaguei, conversei com grande número de pessoas cultas sobre o curioso caso e afinal consegui apreender a chave do problema.

Na opinião geral, o remédio está na adoção do censo alto e consequente afastamento das urnas da massa bruta; meio de conduzir a isso é um só: o voto secreto. A princípio não compreendi o alcance desse remédio e relutei grandemente em ver nele as virtudes que tanto entusiasmavam os seus adeptos. Mas à força de pensar no caso abriu-se-me o cérebro. O voto secreto opera o milagre de destruir o mal do *Censo Altíssimo*, mero disfarce da ditadura duma casta, e instituir o *Censo Alto*, que é o bom, porque é a direção do país pela sua elite pensante. Nem Censo Baixo nem Censo Altíssimo – sim Censo Alto. Opera a seleção que é mister, afastando o eleitor inconsciente ou venal e atraindo o voto livre e consciente da elite do país. Que interesse tem em votar, sob o regime do voto secreto, o meu criado, que é um imbecil, *se ninguém lhe impõe esse ato ou não lho paga*? Impossível como se torna o controle da votação, eliminado está, *ipso facto*, o voto por pressão e o voto por dinheiro; e como os eleitores atuais *só vão às urnas movidos por esses dois motivos*, claro que a elas não comparecerão jamais. A lei os autoriza a votar, mas eles *cessam de ter interesse nisso*. Seu interesse era todo subalterno, não era interesse cívico, dada a sua incapacidade natural de civismo. E temos assim afastado o músculo boçal da comédia de fingir cérebro.

Deixando de ir às urnas essa massa bruta, desaparece o motivo que delas afastava a elite da nação, e veremos apresentarem-se os homens de bem, os homens cultos, todos enfim que constituem a parte nobre do país. E isto tudo automaticamente, naturalmente, sem forçar a ninguém *e sem infringir essa grande ilusão do sufrágio universal*, que é ainda a base das democracias modernas.

No dia em que tal acontecer, os governos passarão a exprimir fielmente a vontade nacional, e a opinião estará com eles, porque os escolheu com liberdade. A política deixará de ser o que é, mero negócio de um grupo, e abrir-se-á a todas as capacidades. Os políticos manter-se-ão à testa dos negócios públicos enquanto se conservarem dignos disso, e cairão no dia em que perderem a confiança dos eleitores. E nesse tempo, quando um levante de soldados tentar aluir um governo, o povo pulará em massa para defendê-lo. Ele o elegeu livremente, ele será o seu melhor guardião. – 'O homem em quem livremente votei terá o meu apoio em todos os terrenos. É sagrado. Encarnará a lei que eu respeito e pela qual me baterei furiosamente. Mas posso tomar as dores do homem que não elegi? que não escolhi? no qual votou, a troco de dinheiro ou por imposição, a parte menos nobre do meu organismo?' Assim pensa o povo, e não pode pensar de outra maneira.

Todos os países que adotaram o voto secreto, inclusive a Argentina e o Uruguai, caíram num admirável equilíbrio político, cessando neles a fase das revoluções, porque os governos se tornaram de fato emanação direta, livre e consentida, do povo, por intermédio da parte nobre, da parte-cérebro desses países.

Entre nós, por que persiste o cancro das revoluções militares? Por que se revela o povo tão simpático a tais movimentos, sejam encabeçados por quem for? É porque o povo não se sente ligado ao governo e não vê diferença entre governo revolucionário e legalidade usurpada. Opere-se o casamento, cesse o divórcio, e para esmagar levantes militares não será preciso recorrer à força: o eleitor defenderá o seu elegido.

Como vão as coisas, vejo tudo negro. Esta revolução não será a última, porque a revolução está na alma de toda gente. Reprimida aqui, ressurtirá além, e o nosso pobre Brasil não fará outra coisa senão curar feridas periodicamente reabertas.

A repressão não atinge a causa última do fenômeno. Equivale a combater a febre, em vez de atacar a causa da febre. De que valeu a terrível repressão castilhista no Sul? Cada degolado dava origem a dez futuros revoltosos – seus filhos e parentes, e a revolução lá está em perpétua incubação, com explosões periódicas. É preciso atacar as causas últimas do espírito de revolta, o que só se conseguirá dando ao povo o que o povo quer: direito de eleger livremente por meio do voto secreto. Não fazer isto é incubar eternamente o ovo da revolução.

Há dois meios de se realizarem transformações políticas. Um, dolorosíssimo, pela violência, como na Rússia; outro, suave, pela evolução, como na Inglaterra. A revolução vem quando os de cima erguem muralhas contra as aspirações populares; a evolução se dá quando em vez de muralhas os de cima preparam rampas.

O trabalhismo inglês encontrou uma rampa, desfez-se nela como onda em praia, e a Inglaterra deu ao mundo a mais notavel lição de sabedoria política. Como é inteligente o idealismo orgânico do inglês!

Já o vagalhão das aspirações russas só encontrou as tremendas muralhas do cesarismo, e destruiu tudo.

A meu ver, a rampa de que a nossa onda precisa é simplesmente o voto secreto, honestamente instituído, como o instituiu Sáenz Peña, e honestamente praticado, como o praticou Victorino La Plaza. Fora daí só vejo remendos, contemporizações e nenhuma solução prática.

Creia Vossa Excelência etc."

* * *

É sobre este tema que vimos insistir perante o presidente do nosso estado, no qual vemos uma inteligência de escol, capaz da televisão necessária ao verdadeiro estadista moderno. Porque governar é hoje, mais do que nunca, prever e ver longe.

A base do sistema representativo, sob qualquer regime, monarquia ou república, é uma só: a eleição. Se a eleição não existe como base, poderá o sistema usurpar o nome de representativo – mas não o será.

Ora, é justamente o que sucede no Brasil desde o 15 de Novembro, pois, a partir do momento em que um governo se impôs pelas armas e não pelo voto, deixamos de ter em casa o governo representativo.

Em vez da eleição, instituiu-se o regime, que até hoje perdura, da "escolha do alto". Os dominantes escolhem e um eleitorado baixíssimo referenda essa escolha, automática e inconscientemente. Isso deu lugar a que se fossem afastando das urnas todos os elementos nobres do organismo social, até chegarmos à maravilha deste absurdo orgânico; *vota quem não tem capacidade natural de voto e não vota quem a tem!* Daí o divórcio entre o governo e a opinião, pois só forma opinião no país o elemento pensante, que não vota.

A extensão deste divórcio, como diz a carta acima, ninguém a pôde medir com maior acuidade do que o presidente de São Paulo, que no momento do perigo se encontrou sem o amparo do povo. Haverá nada mais eloquente, nada mais impressionante e fecundo em lições, dessas de que os verdadeiros estadistas tiram as normas do bem fazer?

Para que cesse tão calamitoso divórcio, é mister que haja eleição, e para que haja eleição é mister a escolha íntima do eleitor, livre de coação e venalidade, coisa impossível no regime do voto a descoberto, condenado como absurdo pela psicologia.

O homem é um ser dúplice. Em cada homem coexistem dois, um escravo e outro livre. O homem escravo é o homem social, que usa a máscara imposta pelo meio, e outra coisa não faz na vida senão mentir ao homem livre que traz lá por dentro. E como as manifestações desta máscara, deste escravo, são falsas e mentirosas, o voto dele não representa a escolha do seu foro íntimo. É um ato maquinal, acovardado, que quase sempre o põe de mal com a própria consciência.

Pois bem: no regime do voto a descoberto quem vota é este miserável mascarado; e pois o seu voto é papel-moeda sem lastro. É a moeda má que expele a boa. Dentro dele, entretanto, habita o homem verdadeiro, o libérrimo homem de consciência, o homem do *E pur si muove* de Galileu. Só as manifestações deste são sinceras e dignas de fé.

Como, porém, conseguir arrancar ao cidadão este voto livre?

Este problema só teve solução perfeita depois da maravilhosa invenção do voto secreto.

Dizemos *invenção* muito de indústria, porque podemos equipará-lo ao telefone, ao cinema, à radiotelefonia – criações que surgiram de brusco e vieram alterar profundamente a vida do homem na Terra, solvendo problemas até então insolúveis. O voto secreto vale por invenção no terreno psicológico, tão maravilhosa, de tão benéficos resultados, que já a adotaram *todos os povos cultos, com exceção de um só.* Levou-os a isso o instinto do progresso político, que é no fundo ramo do instinto de conservação. E nesses povos ninguém concebe hoje a hipótese do regresso ao voto a descoberto, como entre nós ninguém concebe a volta ao regime de escravidão anterior ao 13 de Maio.

Com o voto secreto vota o "homem do foro íntimo", vota a consciência, e vota, portanto, a verdade. A prova é fácil e temo-la dentro de nós. *Que cada criatura humana ponha a mão na consciência e diga se o seu voto secreto e, portanto, livre será o mesmo que o seu voto a descoberto e, portanto, escravo.* A mesma criatura vota de modo diverso conforme está sob um regime ou outro – e sobre qual seja o "voto verdadeiro" não é preciso insistir...

Quanto ao palavrão usado pelos sofistas, de que o eleitor deve assumir a responsabilidade do seu voto, basta contrapor-se-lhe apenas esta pergunta: responsabilidade perante quem? Se a escolha é uma decisão do foro íntimo, um ato de consciência, que tribunal existe na Terra acima da consciência?

Tão verdade é isto que já o voto secreto se impôs ao mundo inteiro com resultados impressionantes, e tem na América operado milagres.

Poderemos nós resistir a esse movimento universal, estupidamente empacados num velho erro do idealismo utópico? Poderemos fazer o papel de um povo que veda a entrada em seu território a uma invenção maravilhosa? Concebe-se país que tenha resistido à adoção do telefone, do Ford, da cinematografia?

Há-os, sim; há países retardatários, bagageiros como o nosso, que foi o último a proclamar a liberdade do negro e pode ser o derradeiro a libertar a consciência do branco. Mas tem que fazê-lo, visto como se trata de coisa imposta pelas inexoráveis leis da evolução.

Ora, se tem de o fazer, se está como todos os demais povos condenado a progredir, que serviço imenso não lhe prestará o estadista de larga visão que, em vez de opor óbices à maré montante, lhe rasgar fáceis caminhos?

Estadistas desta marca se tornam semideuses e vivem imorredouramente na alma popular.

Se o presidente de São Paulo encabeçasse entre nós um movimento neste sentido, tornar-se-ia o maior vulto da nação e seria eternamente abençoado como um benfeitor máximo. O momento é o mais oportuno. A onda se avoluma, a ideia do voto secreto é uma ideia-força, riacho hoje, torrente amanhã – tão empolgante já agora que chega a fazer parte de programas revolucionários.

Não sabemos se Vossa Excelência tem auscultado o sentimento geral. Muitas vezes a posição de um homem de governo o enclausura e impede de ver o que todos veem. Mas o estado de espírito da nossa população é altamente significativo e merece atento estudo por parte de quem está ao leme de um pequeno país como São Paulo.

Esse estado de espírito é secretamente revolucionário; e quando a revolução se opera assim nos espíritos pode considerar-se vitoriosa, mais cedo ou mais tarde. Que revolução? Qualquer. *Qualquer que tenha em mira destruir o que existe.*

É espantoso o que se passa. Não há legalismo na intimidade. Desafivelada a máscara do empregado público, do comerciante, do industrial, do acadêmico, e até do menino de colégio (reflexo dos pais), veremos o simpatizante da revolução.[1]

O apoio de que os governos se supõem cercados é cada vez mais precário, e é falso. Diremos mais: é traidor, porque é apoio da boca para fora e só na frente. O apoio de coração está hipotecado a uma qualquer coisa vaga que em essência é contrária ao que aí está. *Ninguém sabe o que quer, mas ninguém mais quer o que aí está.* Esta é a tremenda verdade!

[1] *A revolução de 1930 veio plenamente confirmar estas palavras. Nota da edição de 1946.*

No entanto, como tudo se mudaria, numa reviravolta de mágica, se do governo partisse o que o povo pede e a revolução promete: voto secreto, liberdade de eleger de acordo com o foro íntimo, e não escravizadamente, em farsa referendatária da escolha feita no alto, por meio de títeres que votam por dinheiro ou por pressão!

Em vez da pressão, que de homens livres faz escravos, surgirá o regime da persuasão, que transforma escravos em homens livres e determina naturalmente a formação de partidos, indispensável à vida política dos povos modernos. O eleitor inconsciente, essa peste que corrompe as urnas e se faz sórdido instrumento do político parasita, afastar-se-á delas, não por força de nenhuma lei, mas por injunção da sua própria mentalidade. Concomitantemente, a parte nobre do país virá substituí-lo na alta missão de eleger – e teremos realizado, enfim, a magna conquista de que tanto necessitamos.

Já dura demais a funesta inversão de valores, a torpe mentira, mãe de tantos males e causa única do estado deplorável em que, como povo, o Brasil se encontra hoje. Fomos perdendo, por ação dela, todas as nossas liberdades, a ponto de fazer-se mister um 13 de Maio em favor do branco. O caráter nacional liquefaz-se, a corrupção administrativa cresce e o mal-estar da consciência pública é indizível. Não se reúnem dois brasileiros em comentário às coisas pátrias que não lamuriem interminavelmente e não concluam com um desolador estribilho: – Que tristeza ser brasileiro...

Tudo porque a mentira sistematizada é a pior das gangrenas e a nossa mentira política já dura mais do que o comporta a resistência de um organismo social. Os nossos males todos, inclusive o das revoluções militares periódicas, que tão caras nos saem, têm nessa mentira a sua causa última. Ela corrompe o exército, desviando-o de suas funções; corrompe a imprensa, que ou se aluga aos governos ou ao ódio do povo; corrompe a justiça; corrompe a alma nacional, cindindo o país em duas classes hostis, a dos pretorianos e a dos escravos.

Se o voto secreto deu tamanhos resultados no mundo inteiro, por que faria exceção entre nós? Duvidar será formar um juízo em excesso desonroso das nossas qualidades de caráter.

Nosso apelo se resume, pois, em que o presidente de São Paulo tome a si a chefia da grande revolução legal. O caminho é claro como o dia: antecipar o movimento, impedir que venha mais tarde pela força, com sangue, dores, desgraças e azares, o que em todos os países cultos tem vindo evolutivamente, pela compreensão de estadistas ao molde de Sáenz Peña. Fazer isso será aniquilar para sempre a revolução que fermenta no país e que, abafada aqui, ressurte além, e já não pode ser tida como simples reincidência de movimentos militares. De 1989 até hoje contam-se mais de trinta convulsões desse tipo, entre as pequenas e as grandes, e de tal forma as coisas se agravam que o estado de sítio se vai tornando um estado permanente. Os prejuízos imensos que tais explosões acarretam ao país não explicarão, só eles, a nossa ruína financeira? E, dada a inutilidade da repressão, não é o caso de atacarmos de vez a causa última do fenômeno: o divórcio entre os governos e a opinião?

O Uruguai era assim. Vivia em perpétua revolução, considerada pelos sociólogos ligeiros como cancro incurável. Pois desde a entrada do voto secreto, há vinte e tantos anos, nunca mais se registou ali a menor explosão revolucionária! Haverá exemplo mais concludente?

Que chegue a nossa vez, e que o grande exemplo parta aqui de nós.

São Paulo, que já tem tanto que perder, não só se asseguraria para sempre da riqueza adquirida, pondo-a a salvo de movimentos revolucionários, como ainda acentuaria a missão, que lhe compete, de líder. Proclamada aqui a liberdade de consciência, inaugurado o regime eletivo que nos falta, breve o veríamos, por contágio, dominando o país inteiro; e veríamos, enfim, o Brasil a matar esse atraso de cem anos a que a dupla escravidão do corpo do preto, outrora, e da consciência do branco, hoje, o vem condenando ignominiosamente.

Está nas mãos do presidente de São Paulo operar esse milagre e matar assim no germe as futuras revoluções, sempre tão funestas ao progresso do país.

Quanto a esta carta, não veja nela Vossa Excelência nenhuma intenção mofina, senão a mais alta homenagem pessoal – que é sempre a mais alta de todas, e a dos amigos leais, dizer desassombradamente a verdade inteira. A verdade dolorosa, mas a verdade que salva.

Carta do Presidente Artur Bernardes*

Rio de Janeiro, 6 de setembro de 1924.

Doutor Monteiro Lobato

Deu-me muito prazer sua carta de 9 de agosto findo em que vejo patente um patriótico interesse pelo melhoramento dos processos de nossa vida política, de fato ainda necessitada de cuidados urgentes.

Estou de pleno acordo com sua judiciosa opinião acerca da adoção do censo alto para seleção do eleitorado.

Como sabe, está se procedendo atualmente ao estudo de um projeto de reforma da Constituição e aproveitei o fato para chamar a atenção dos meus amigos sobre tal ponto. Alguns, porém, acharam a discussão inoportuna, reconhecendo embora a legitimidade da aspiração. Ponderaram que, nesta quadra, durante a qual espíritos malévolos tanto têm abusado da credulidade pública, fatalmente surgiriam explorações, sob pretexto de defender o povo contra o arbítrio dos que pretendem privá-lo da magna conquista do sufrágio universal...

Assim seria talvez entravada a marcha do projeto, ficando prejudicados os outros pontos pacíficos da reforma constitucional.

* *Resposta de Artur Bernardes a Monteiro Lobato. Coleção Revolução de 1924/ Acervo Instituto Histórico e Geográfico de São Paulo/Arquivo Público do Estado de São Paulo. Nota da edição de 2010.*

Quanto à atitude do povo paulista em face do levante de 5 de julho último, reconheço que a falta de mais pronta reação cívica foi em parte devida aos motivos apontados em sua prezada carta porém creio que a lamentável ocorrência foi também devida à influência do elemento estrangeiro, cujo excesso, dando de certo modo um aspecto cosmopolita a essa Capital, acaba até por opor sérios embaraços nos elementos em que a população deseja vibrar pelas cousas brasileiras com todo o ardor que seria de desejar.

Seja como for, porém, congratulemo-nos pela vitória da boa causa e façamos votos para que os dignos paulistas saibam tirar do episódio as lições que ele porventura encerra.

Creia-me, com toda a simpatia,

Amigo e admirador

Artur Bernardes

Bibliografia selecionada sobre Monteiro Lobato

De Jeca a Macunaíma: Monteiro Lobato e o modernismo, de Vasda Bonafini Landers. Editora Civilização Brasileira, 1988.

Juca e Joyce: memórias da neta de Monteiro Lobato, de Marcia Camargos. Editora Moderna, 2007.

Monteiro Lobato: intelectual, empresário, editor, de Alice M. Koshiyama. Edusp, 2006.

Monteiro Lobato: furacão na Botocúndia, de Carmen Lucia de Azevedo, Marcia Camargos e Vladimir Sacchetta. Editora Senac São Paulo, 1997.

Monteiro Lobato: vida e obra, de Edgard Cavalheiro. Companhia Editora Nacional, 1956.

Monteiro Lobato: um brasileiro sob medida, de Marisa Lajolo. Editora Moderna, 2000.

Na trilha do Jeca: Monteiro Lobato e a formação do campo literário no Brasil, de Enio Passiani. Editora da Universidade do Sagrado Coração/Associação Nacional de Pós-Graduação em Ciências Sociais, 2003.

Novos estudos sobre Monteiro Lobato, de Cassiano Nunes. Editora Universidade de Brasília, 1998.

Revista do Brasil: um diagnóstico para a (n)ação, de Tania Regina de Luca. Editora da Unesp, 1999.

Um Jeca nas vernissages, de Tadeu Chiarelli. Edusp, 1995.

Vozes do tempo de Lobato, de Paulo Dantas (org.). Traço Editora, 1982.

Sítio eletrônico na internet: www.lobato.com.br
(mantido pelos herdeiros do escritor)

Este livro, composto nas fontes Electra LH, Rotis e Filosofia, foi impresso em papel pólen soft 80 g/m² na Yangraf. São Paulo, Brasil, junho de 2010.

Conferênci
Georgismo e Comu
América
eratura do Minarete
Crônicas
urupê
deias de Jeca Tatu
Mr. Slang
Problema
Zé Brasil
Crônicas
Pererê: Resultado de u
Cart
A Onda Verde
Miscelâne
erro
O Presidente N
Opiniões
Na Antevésp
Fragmento
Voto Secreto
Prefácio
Jeca Tatu
A Barca de Gleyr
Macaco que se fez Homem
Imposto únic
NEGRINHA
Entrevistas
Cartas Escolh
Cartas de Amo
alo do Petróleo